AF206187

Rolf Friedrich Schuett

Kein Kopf könnte sich selbst ausdenken

Reflexionen und Meditationen

ROLF FRIEDRICH SCHUETT

Kein Kopf könnte
sich selbst ausdenken

Reflexionen und Meditationen

Books on Demand

Bibliographische Information Der Deutschen Bibliothek:
Die Deutsche Bibliothek verzeichnet diese Publikation
in der Deutschen Nationalbibliographie; detaillierte
bibliographische Daten sind im Internet abrufbar über
http:// dnb.ddb.de

2. erweiterte Auflage

Herstellung und Verlag :
BoD – Books on Demand, Norderstedt

Gedruckt auf alterungsbeständigem Papier
(holz- und säurefrei)

Umschlaggestaltung : E. L. Schmidt

Printed in Germany

ISBN 978-3-7460-6242-6

INHALT

Für Elke, Rita und Maike

Schräge Fehlzündungen

„Das Absurde, mit Geschmack dargestellt,
erregt Widerwillen und Bewunderung." *(Goethe)*

Satz ohne Anlauf : Der Aphoristiker muss
mit einem Wort mehr als alles und
weniger als nichts zu sagen haben.

Wer die Welt sachlich sehen will, darf sie weder
männlich noch weiblich noch ehelich deuten.

Bonmots dürfen auch absurd sein : unsinnig,
widersinnig oder sinnwidrig. Oder gar *abstrus*:
verworren, schwerverständlich und verborgen.

Kriegst du nicht, die du liebst,
nimmst du, die dich liebt, Kerl.

Ziele, die du nicht erreichst, schießt du ab.

Hat das Kollektiv nur Mängel,
wenn kollektiver Mangel herrscht?

Suchst du bei Ausländern das Abenteuer,
das sie bei dir suchen?

Der Klügere gibt Aphoristikern nach.

Wäre eine Welt ohne Verbrecher
ein Verbrechen an Justiz und Polizei?

Liebe : kleinster gemeinsamer Nenner
von Mutterliebe, Vaterlandsliebe, Paarliebe,
Tierliebe, Nächstenliebe, Feindesliebe,
Affenliebe und Wahrheitsliebe.

Neoliberale Rivalität ist linksliberales Multikulti.

Den Tod fürchten stets die am meisten,
die zeitlebens vorm Leben flüchten.

Echo. Gibt es nun mehr Ergoisten als Egoisten?

Sind wir Epigonen oder andere die Avantgardis-
ten: Du ein Geistesheld oder ich ein Dummkopf?

Un-. Ist Sterben Knochenarbeit und Scharfsinn
eine Unmenge an Unsinn?

Einst wurden größte Taten mit einfachsten
Mitteln vollbracht, nun mit raffiniertesten
Werkzeugen einfältigste Werke.

Aphorismen sind kurze Sätze mit hehrem Vor-
satz zu hohem Prozentsatz an tiefen Gegensätzen

Verdienter Herr bedient sich herrlicher Knechte.

Freiheit kann zuständige Naturgesetze wechseln.

Die Liebe vereint Subjekte
wie kein Begriff die Objekte.

Philosophie : Das Dunkel erleuchtet den Dünkel.

Emanzipation wünscht autoritären Missbrauch.

Das Licht der Vernunft verdunkelt mehr Nichts,
dem das All entstammt, als das Licht der Welt.

Der gute Mensch säuft Wasser und lässt Wein,
frisst Kot und scheißt Brot.

Freiheit ist Möglichkeit des Bettlers, Krösus zu werden, wie des Analphabeten, Einstein zu sein.

Der eine verbrüdert sich mit dem Tod durch geistige, der andere durch soziale Systeme.
Sie gehen den Lebensweg aller Fleischlosigkeit.

Küssende langweilen, Beißende unterhalten.

Jeder Ackerbau war ein Babelturmbau wie sein feudaler Überbau.

Wahre Weise sind keine Wahrsager, aber binsenweissagen ihre Fälscher.

Revolution befreit auch *von* der Selbstbeherrschung und *zur* Selbstbedienung.

Der Schlechte tut oft des Guten zu viel
und der Gute des Schlechten zu wenig.

Meine Leiche wiegt so viel
wie alle bisherigen zusammen.

Große Sprüche trifft man leichter
als kleine Aphorismen.

Legt er die Hand dafür ins Feuer,
dass sie Feuer in seine Hand legt?

Mancher ist so kindisch,
Erfahrungen zu scheuen, um jung zu bleiben.

Ein Mann liebt heute starke Frauen,
die eine Schwäche für ihn haben.

Das Beste an meinen lieben Nächsten
ist mein Wunsch, allein zu sein.

Handschuhe verhüten oder verstecken
schmutzige Hände.

Du hast Geist, kannst du ein widerspenstiges
Gespenst aus deinem eigenen Gespinst machen.

Hast du die Stirn, meine Stirn
zu deinem Gestirn zu machen?

Das Licht der Vernunft steht im Schatten, den
du wirfst, seit du das Licht der Welt erblicktest.

Du fragst nach deinen Antworten
und nach meiner Verantwortung.

Die Welt hat einen Sinn – nur in einer anderen.

Alles wird erst wirklich anders mit dem Tod.

Goldenes Schweigen beredet seinen Wortschatz

Ein Bonmot nach dem andern langweilt, eine
Art von Widerspruch nach der andern hält wach

Jedes Buch (re)zensiert das der Natur.

Ein Frosch sieht auf Vogel und Prinzen herab.

Kannst du bestehen, dass irgendetwas besteht,
was nichts beweist und dich beständig bestürzt?

Kinder, Anfänger im Diesseits, sind Meister
des Jenseits, doch Genies des Abseits nur Irre?

Nur Tote sterben, nur Lebende werden geboren.

Falscher Tadel lobt sich,
wahrer Ruhm, der rügt sich.

Morgen werde ich mich wohl erinnern,
dass ich gestern auf den Morgen hoffte.

Kunst : Der Inhalt bringt die Form in Form,
und die Gestalt gilt als Gehalt an Gehalt.

Feuer erhellt, was es wärmt und verbrennt;
das Licht der Vernunft verbrennt nicht,
was es erleuchtet.

Die Moderne verhext durch Entzauberungen
und ernüchtert uns durch neuartige Illusionen.

Mein Nichtstun tut dir nichts
und dem Nichts genug.

Spricht der Greis das Urteil, wenn der Mann
ermittelt hat, was das Kind tat oder nie tun will?

Zum Glück kommt ja immer das Pech,
leider aber auch das Glück erst übermorgen.

Erkenntnis ist die ihrer Grenzen
und Irrtum der über seine Grenzenlosigkeit.

Wissenschaft : Fragen beantworten Antworten
so, wie Antworten nach Fragen fragen.

Man kann fanatisch tolerant und skeptisch sein.

Kritikwürdige Werke kritisieren ihre Kritiker.

Wer nie herumirrt, erkennt nichts, sonst lügt er.

Ein Künstler braucht das Werk,
das ihn missbraucht und verbraucht.

Inkonsequenz : die Tatkraft der reinen Logiker.

Selbsterzwingung als Selbstverwirk(lich)ung.

Eher ist eine Wüste ohne Oase als eine Oase
ohne Wüste. Oasen verwüsten keine Wüsten.

Unsere Nächsten sind hinter unseren Spiegeln.

Wer ein Leben ohne Wagnisse wagt,
stürzt sich tollkühn in ewige Ruhe.

Manche Nussknacker sind die härtesten Nüsse.

Vielleicht fürchtet der Mensch die Lebensmitte
im Jenseits, vielleicht stirbt man erst dort.

Noch im Ergriffensein habe ich begriffen,
darin längst begriffen zu sein.

Wer seiner Zeit voraus ist, vergeht auch mit ihr.

Offline sind wir auch nicht unberechenbarer.

Gleichheit: Souveränität ist souverän bestreitbar

Geist ist das Vermögen, ohne Vermögen
etwas zu können, was andere mit Vermögen
nicht können.

Zivilisation ist keine Naturgewaltenverwaltung.

Erbsünde ist eine behandelbare Erbkrankheit,
seit Erbkrankheiten nur noch als Erbsünden
von Vorfahren gelten.

Im reibungslosesten Krieg
kriegt jeder seine Abreibung.

Mach´s gut, mach´s besser
und am besten gar nicht(s).

Herzensbildung zählt heute zum Bodybuilding.

Schicksal behelligt auch Optimisten und Hellseher mit finsteren Mächten, die sie verdunkeln.

Parias sind Habenichtse, die von rührselig Leut-
seligen redselig armheilig gesprochen werden.

Gegen Bewegungsmangel hilft, vor jedem Ge-
rede darüber immer schleunigst wegzulaufen.

Unter Sklavenpeitschen kreis(els)t du so viel
um dich selbst, bis du aufrecht stehst und tanzt.

Wer faule Äpfel mit reifen Birnen vergleicht,
hat nicht in jedem Fall gleich Fallobst.

Was für die Katz ist, kommt nicht auf den Hund

Alles Leben kommt aus dem Meer,
doch wer angelt sich uns kleine Fische?

Gelassen sollte man sein. Hast du dich ein-
gelassen auf ausgelassene Kinder und ihnen viel
über- und nachgelassen, was zugelassen ist?

Was ist der, der sich ganz sicher unsicher ist,
ob er auch ordentlich unordentlich genug ist?

Der beste Platz an der Sonne ist die Wüste,
wusste schon die Bibel.

Ist ein aufrechter Gang ein Spaziergang zu Fuß
oder eine Durchgangsstraße von Wo nach Wo?

Ruhe und Ordnung sind Aufruhr gegen Aufruhr

Ein Gedanke kommt selten mir,
doch noch seltener zur Welt.

Wieviel mehr Geist(er) doch in der Welt wären
ohne die Klugscheißer, sagen die Dummköpfe.

Nach Jahren allgemeinen Totschweigens ließe
„Liebe" sich mal wieder in den Mund nehmen.

Ein Höhepunkt ist oft der springende Tiefpunkt.

Jeder ist ein Lebenslauf auf einem Lebensweg,
und sein aufrechter Gedankengang entsteht,
wenn er sich selbst ein Bein stellt und kopfsteht,
statt ins Wasser zu fallen, aus dem alles kommt.

Ich lasse Probleme ungelöst, um keine größeren
zu kriegen, doch nur neue Probleme lösen alte.

Atheismus ist das Opium der Eliten,
Volk ist das Opium der Vergötterten.

Kant : Es tut viel mehr zur Sache,
zu sich als zur Sache bloß zu kommen.

Sozialismus 2000 : Konkurrenzloser Konkurs
aller Konkurrenz (auch von Konkursen).

Ist unsere Lebenszeit denn die bessere Hälfte
der Unsterblichkeit?

Unsterbliche sind Ungeborene,
nicht Abgetriebene.

Schwarz ist der Schnee von gestern, weiß das
Haar von morgen und grau der Esel von heute.

Im Weinen ist Wahrheit von Flaschen.

Kreuzen sich Christen mit dem Gekreuzigten?

Mit der Zeit vertut man sie nur,
und wer nichts tut, hat ewig Zeit.

Wird normal renoviert, werden Möbel verrückt

Liebe : Deine klare Stirn sei mein guter Stern.

Üb Erfahren gelassen : Sich überfahren lassen.

Ein Doppelleben ist auch nicht länger.

Teufel vergöttern sich : Man kann nicht alles
haben, aber alles kann einen mal gern haben.

Über Leben und Sterben kann man sich lebens-
lang totlachen.

Versetzt der Herr sich in den Knecht, um sich
bewundern, fürchten oder hassen zu lassen?

Falschzeichen sind die besseren Wahrsager,
und Sandbürger stecken vorm Sturm
im Wasserglas den Kopf ins Wasser.

Es sind die positiven Befunde,
die uns so heilsam negativ stimmen.

Geschlossene Fragen nach offenen Antworten!?

Das Wort zum Werktag spricht der arme Teufel.

Brüderlichkeit macht mir deine Probleme.

Nicht alle denken dasselbe,
doch alle dasselbe *nicht*.

Lebenslustiges ist lächerlich.
Macht Freude denn Spaß?

Alkoholiker lassen Traubensaft (länger) stehen.

Beleuchtetes kann erleuchten und einleuchten.

Hellseher sind oft Schwarz(weiß)maler.

Halt dich nicht fest an dir, wenn du fällst!

Leben heißt tausendmal einmalig sein wollen.

Liegt bei Intellektuellen der Standpunkt
im Sitzfleisch?

Wer auch Hässliches lieben kann,
muss Liebliches nicht hassen.

Kommunikation : Wolf und Schaf kriegen sich
in die Schafswolle oder den Wolfshunger.

Werden Rosen nach Geschmack ausgewählt?

Hochkultur sieht man daran, dass sie schwind-
liger macht als flacher Medienschwindel.

Wilde verwilderten zu kolonisierten Siedlern.

Bloßes Überleben hat sich im Konsum überlebt.

Die Erde erwärmt sich nun für unsere coole Art.

Ewig ist nicht mal, was sich stets im Kreis dreht

„Alles hat seine Zeit", also keine, sagt Salomo.

Schneller dreht man sich im Gesprächskreis als
im Gesichtskreis, doch ewiger im Arbeitskreis
und lieber im Bekanntenkreis.

Wir haben so viele Ziele ohne Wege
wie inzwischen Mittel ohne Zwecke.

Wo es nur das Billigste gibt,
muss man es nicht erst suchen.

Reiche sind für alles und wollen nichts dafür
tun, Arme sind gegen alles und können nichts
dagegen machen.

Braucht man gute Regeln mit wenigen
Ausnahmen oder viele gute Ausnahmen
einer schlechten Regel?

Müssen Theorien biegsam sein, um Tatsachen
zu erklären oder um sich selbst zu schützen?

Streiten sich auch Jahwe, Allah und Gottvater?

Originell oder aboriginal?

Normale rücken zusammen und dir berückend
zu Leibe, vorgerückt Verrückte alles zurecht.

Fäuste können kein Faustrecht verletzen,
doch Menschen und ihre Rechte einander wohl.

Geschenkt kriegt nur alles, wer alles schon hat.

Man kann sich nun mit Rentenanspruch vorher
zu Tode schuften oder mit Schrumpfrente später
zu Tode langweilen. Rent a life or yourself!

Viele werden nun Rentner (bis 80).
Reiche waren immer Rentner. Beamte,
der demokratische Adel, werden Pensionäre
(bis 100). Der Rest stirbt beim Schuften für sie.

"Die Rente ist sicher" – bald zu klein für die
meisten. Damit sie sich rentiert, muss man sie
inzwischen hundert Jahre lang beziehen.

.

Linke kriegen ihre Leute satt,
Rechte kriegen uns unersättlich.

Als die Unterschicht aufsteigen konnte,
gab es nichts Sinnvolles mehr wohin.

Der Arbeiter ernährt zwei Pensionäre mit,
um später deren viertel Rente zu bekommen.

Briefkästen werden geleert von Müllwerkern
und Mülleimer bald von Postboten.

Ein Bonmot widerspricht den Widersprüchen,
in die gesunder Menschenverstand sich verfängt

Der Aphorismus blamiert seine Leser vor ihren eigenen Prätentionen und zeigt nur, dass sie nie wissen, was sie tun und zu wissen glauben.

Der Aphoristiker kann sich aus beliebiger Höhe fallenlassen und wieder fangen, die Fassung beliebig verlieren und auch wiedergewinnen, am Bungee-Sprungseil seiner Sätze ins Freie.

Der Autor genießt seine Kunst, Leser von überlegener Warte aus in Verwirrung zu stürzen und ihre Ansichten lächerlich wirken zu lassen.

Der Aphoristiker verteidigt den *Weltbegriff der Vernunft* (Kant) gegen ihren *Schulbegriff.*

Aphoristisches Philosophieren.
Marx griff in Stirner den unproduktiven Parasiten an, Hegel in Schlegel den eitlen Paradoxen.

Dass bei allem Gewollten auch Ungewolltes herauskommt, darf nicht wieder gewollt sein.

Man macht Pläne, ohne die jene Zufälle nicht auftauchen, die dann Geschichte machen.

Der HErr allein befreit von allen Herren. Du sollst nicht von deinem auf Sein Aussehen schließen! Ehre in deinen Eltern nicht deine Klassenfeinde! Du sollst deinen Nächsten nicht so tot wünschen, wie du selber bist, sondern dich so lebendig machen, wie er ist! Wenn Eigentum Diebstahl an Ihm ist, dann ist Diebstahl am Diebstahl noch kein Recht, und wie stiehlt man Firmen? Du sollst nicht den Nächsten deines Nächsten lieben oder seinen Klotz am Bein!

In Hegels „Phänomenologie" kommt, wie hinter der Physik des Aristoteles seine „Metaphysik", nach der Französischen Revolution nur Kunst, Religion und Philosophie, also das, was Proletarier für ihre Revolution zuvor treiben müssten.

Die Welt ist an sich ein Nichts, aus dem jedes
Geschöpf seine Funken schlägt, die seine Welt
bilden und bedeuten.

Wer morgen losfliegt, ist eher da,
als wer gestern loslief.

Gäbe es nur Teufel, kämen nur gute Menschen
in die Hölle und Bösewichte in den Himmel.

Jeder Grundbesitz endet unterm Fuß im Erd-
mittelpunkt und überm Kopf im Unendlichen.

Adlige lebten von Bauern, Staatsdiener leben
von Maschinenbedienern.

Alltagskram von früher ist Luxus von heute,
Tand von morgen der Luxus von gestern.

Der antisystematische Gestus der Aphoristiker ist oft Ressentiment. Vorm „System der Philosophie" eines Hermann Schmitz z.B. verblassen viele Aphorismen zu hilflos albernem Gefuchtel.

Schellings „Epikureisch Glaubensbekenntnis Heinz Widerporsts" von 1799 verrät noch die erotischen „Naturpotenzen". Je mehr die Natur Mutter wird, desto mehr wird sie Ursprung und weniger Lust- und Erkenntnisobjekt.

Proust-Leser strengen sich an, von unwillkürlichen Kindheitserinnerungen heimgesucht zu werden, als wäre etwas in ihnen wert, vergegenwärtigt zu sein. Proust bewies, wie wenig Grund wir haben, *ich* zu sagen, ohne deshalb schon selbstlos zu sein.

Zeit : *Schizoid* langweiliges nunc stans, *depressive* Tretmühle der Schuldbußen, *zwangsneurotische* Zukunftsprojekte und *hysterische* Angst vor Fixierung dessen, der nie Zeit hat, doch nie zeitlos ist.

Fr. Schlegel glaubte, seine frühen Fragmente dem Katholizismus opfern zu müssen. Fichtes Ich setzt sich als beschränkt durch sein Nicht-Ich, der Gott der Kabbala schränkt sich ein, um Welt zu schaffen.

Hegel „rächt seine eigene Duplizität an der Einheit, indem er sie ihr vorwirft." *(Karl Kraus)*.

Cogito, ergo sum. Wenn Descartes Recht hat, existierten seine Gegner gar nicht wirklich.

Den biblischen Wüstenwanderern erschien der Exodus als einzige Paradiesvertreibung.

Kants 3. Antinomie : Frei bin ich vom Ganzen und bestimmt von jedem seiner möglichen Teile

Der Einäugige hat deshalb noch nicht zwei Münder. Ich konkurrier mit mir und verlier. Lebt damit, dass viele mit dem Tod nicht leben!

Ein Künstler straft das Publikum mit der Verachtung, die er der Macht zu zeigen fürchtet.

Habermas sah den progressiven Konsens eher auf diplomatischen Nonsens-Kongressen.

Das Sitzfleisch kommt weiter als der Fuß.

Seit die *Lebenswelt* kaputt ist, wird ihre Ver-
wissenschaftlichung wissenschaftlich kuriert.

Interdisziplinäre Forschung : Vernetzung
forscher Disziplinierungsmaßnahmen.

Kommunikative Vernunft ist *instrumentelle
Vernunft* der Gemeinschaften geworden.

„Die Mathematik hat reine Grundsätze a priori,
weil sie nicht aus reinen Begriffen, sondern aus
reinen Anschauungen gezogen sind." *(Kant)*
„Die Mathematik handelt ausschließlich von den
Beziehungen der Begriffe zueinander ohne Rücksicht auf deren Bezug zur Erfahrung." *(Einstein)*

Integriert werden leider nur potentialunendliche
Mengen beliebiger Mächtigkeit zu Klassen.

Kants *Ding an sich* ist nur die unendliche Idee
vom kompletten Differenzieren und Integrieren.

Dass nichts mit dir zusammenhängt,
das hängt gerade mit dir zusammen.

Sartre war interessanter als der klügere Camus,
aber so schwer von Begriff wie nun Habermas.

Man schlägt das Über-Ich und den Überbau
und meint den biblischen Gott und Sein Gesetz.

Candide bestellt seinen Garten – beim Händler.

Dein Erkennen gewinnt eine Vorstellung davon,
wie ihr Gegenstand sich dir selber vorstellt.

Wer gefälschte Bedürfnisse überbefriedigt,
erzeugt noch kein Bedürfnis nach wahren.

In Demokratien dürfen Antidemokraten ungestraft verbreiten, dass sie in der Diktatur leben.
In Diktaturen müssen Demokraten sagen,
dass sie in einer Volksherrschaft leben.

Ein Christ sei kein Profitverteiler und Hightech-Sozialist, sondern rechter Armenhausverwalter.

Man verzeiht Exilanten, die nicht das Weite suchten, um Kultur im Ausland zu verbreiten, ihre Flucht durch späte Preise und Orden.

Stell dir unanständiges Verführungszeugnis aus.

Ein Dichter ist kein Artist, dem nur jeder zehnte Salto mor(t)ale gelingt, wenn er die Qualitätskontrolle über sich verliert und dem Denker eine Unbedenklichkeitserklärung ausstellt.

Radikaler Kompromiss. Solange das Bewusstsein vom Sein bestimmt wird, ist diese theoretische Richtigkeit praktische Ungerechtigkeit.

Löwith blieb in Heideggers Griechenkosmos, im geschichtslosen Schoß der Mutter Natur.

Hinterweltler haben die Welt nicht hinter sich.

Das Subjekt verhält sich zum Objekt nicht wie das Prädikat zum Subjekt des Satzes darüber.

Wittgenstein : Philosophie besteht aus guten Witzen à la Kraus oder schlechten Scherzen.

Postmoderne will auch jüngste Vergangenheit dehistorisieren und zum bloßen Spielmaterial ästhetischen Formwillens neutralisieren.

„Geist der Gattung" war für Hegel Physisches, das von *sinnlicher Gewissheit* zu *absolutem Erkennen* von Adam und Eva ging, zu gesegneter Ehe, die der kinderlose Adorno überging.

Ein Mensch soll durch euch das Licht der Welt erblicken und durch uns das Licht der Vernunft.

Zerfällt die Gesellschaft in Individuen, zerfällt das Individuum nicht mehr in seine Elemente.

Der *Unterbau* ist an allem schuld, die da unten.

Comics und Popmusik gelten als Aufklärung,
wo Schriftkultur als patriarchale Reaktion gilt.

Nur dem Philosophen vergeht das Musikhören
und Fernsehen, da es sich an ihm nicht vergeht.

Muss man eher Formen realisieren
oder Realität auch in Form bringen?

Familienplanung ist heute gegen Planwirtschaft.

„Ich erhalte etwas" : Ich behalte, was ich schon
habe, oder bekomme, was ich noch nicht habe.

Das Kapital erzeugte nicht seine Totengräber,
sondern eure toten Gräber.

Entfremdete Arbeit oder unglückliche Liebe?
Hegel, von Marx vom Kopf auf die Füße
gestellt, lief ihm lachend voran und davon.

Dein Alter können nur Ämter beweisen.

Ödipus verletzt Familienrecht, wo er Gesell-
schaftsrecht achtet; Antigone verletzt Staats-
recht, wo sie Familienrecht schützt. Deutsche
Reformation plus französischer Revolution war
für Hegel eine Synthese von griechischer Sub-
stanz und römischem Rechtssubjekt, aber er
übersah die Homophilosophie der Hellassitten.

Kant 2000 : Siehst du dich selbst empirisch,
doch dein Sehen intelligibel?

Larochefoucauld betonte das Ego im cartesianischen Cogito. In seinem Aphorismus siegte
Descartes über Descartes trotz Descartes.

Kann russisches Militär nicht durch russische
Demokratie abgeschreckt werden, ist es durch
westdemokratisches Militär abzuschrecken.

Revolution deckt Nachholbedarf, nur Kriege
sorgen für universale Modernisierungsschübe.

Für andere tut der Kapitalist etwas, indem er etwas für sich tut, und der Buddhist, indem er gar nichts tut. Der Christ tut etwas für sich, indem er alles für andere tut. Der Egoist tut nichts gegen sich, indem er nichts für andere tut. Wer tut nichts für sich, wo er nichts gegen mich tut?

Erst bist du ein kleiner Teil deiner Mutter, dann wird diese Mutter ein kleiner Teil deiner Welt.

Das viele Sinnliche zeigt keine Ganzheit, der eine Begriff nicht die geeinte Vielfalt.

Marx sah Kohlenhauer als verhinderte Bildhauer, Musil Künstler als inspirierte Homo Faber.

Habermas: Behandeln Arbeiter die Natur *instrumentell* und den Kapitalisten *kommunikativ*?

Aphoristisches Philosophieren.
Zweckrationale Bekämpfung des Klassenfeinds besiegt *kommunikative* Kollaboration mit ihm.

Früher Vogel fängt nicht den zu späten Wurm.

Zeitreisende treffen nur Leute an,
welche nicht gerade auf Zeitreisen sind,
die Hoffnungen und Erinnerungen ersetzen.

Wer nie Zeit hat, dem wird schnell jede zu lang.

Windräder treiben bald Autoräder an.

Kein gewöhnlicher Mensch kann sich daran
gewöhnen, sich darin wohnlich einzurichten.

Wissenschaft und Technik konnten nur in
Europa blühen, denn nur Europa kultiviert
den Verzicht auf totalitäre Ganzheiten
bis in unendlich Klein(lich)es hinein.

Nouveau bonmot. Wo ist eine Nathalie *Sarraut*e für die „sous-conversation" der Philosophen?

Hegel bemängelte, was Leibnizianer Maimon schon an Kant gerügt hatte : Kant habe den Infinitesimalkalkül nicht auch auf das Ding-an-sich (Noumenon) und Leibniz selbst habe ihn nicht konsequent auf die Monaden angewendet. Aber der Aristoteliker stand dem Leibnizianer in Hegel zum Glück dann doch genug im Wege.

Nur Aggression und Depression helfen gegen-einander, wenn man zufällig kein Philosoph ist.

Anfassen heißt angreifen, und untätig begreifen heißt Täter ergreifen.

Töne irren durch Höhe, Sprüche durch Kürze, Widersprüche durch Tiefe, Gespräche durch Oberflächlichkeit, Schlüsse durch Schluss-punkte, Entschlüsse durch Geradlinigkeit.

Mir vergibst du deine Untaten,
nicht meine Wohltaten.

Wer alles anfasst, begreift nichts,
und wer alles erfasst, fasst nichts mehr an.

Müssen wir Bakterien oder Ameisen sein,
um großen Dingen zu begegnen?

Wittgensteins *Sprachspiele* sind auch inspiriert
durch Begriffs- und Wortspiele von Karl Kraus.

Eine Mehrheit ist für Minderheitenschutz, doch
nur eine Minderheit fürs Mehrheitswahlrecht.

Auch Kurzprosa sollte abwechseln zwischen
Kalauern, Wortspielen, Psychologika, Satiren,
Metaphern, Polemik und Metaphysik-Chiffren.

Sekundärliteratur zum Aphorismus

Gerhard Neumann (Hg.): „Der Aphorismus.
Zur Geschichte, zu den Formen und Möglichkeiten
einer literarischen Gattung", Darmstadt 1976

„Ideenparadiese. Untersuchungen zur Aphoristik
von Lichtenberg, Novalis, Friedrich Schlegel und
Goethe", München 1976

Peter Krupka: „Der polnische Aphorismus",
München 1976

Hans Peter Balmer; „Philosophie der menschlichen
Dinge. Die europäische Moralistik", Bern 1981

Harald Fricke: „Aphorismus", Stuttgart 1984

Gisela Febel: „Aphoristik in Deutschland und
Frankreich", Frankfurt/Main 1985

Klaus von Welser: "Die Sprache des Aphorismus",
Frankfurt/M. 1986

Heinz Krüger: „Über den Aphorismus
als philosophische Form", Frankfurt/M. 1988

Werner Helmich: „Der moderne französische
Aphorismus", Tübingen 1991

Stefan Fedler: „Der Aphorismus. Begriffsspiel zwischen Philosophie und Poesie", Stuttgart 1992

Paul Geyer / Roland Hagenbüchle: „Das Paradox", Tübingen 1992, Würzburg 2002²

Thomas Stölzel: „Rohe und polierte Gedanken. Studien zur Wirkungsweise aphoristischer Texte", Freiburg 1998

Lada Lubimova: „Struktur und Funktion des Aphorismus : eine textlinguistische Studie", Bremen 1998

Robert Zimmer: „Die europäischen Moralisten", Hamburg 1999

Michael Esders: „Begriffs-Gesten. Philosophie als Kurze Prosa von Friedrich Schlegel bis Adorno", Frankfurt/Main 2000

Rüdiger Zymner: „Aphorismus", In: Kleine literarische Formen in Einzeldarstellungen, Stuttgart 2002

Friedemann Spicker: „Kurze Geschichte des deutschen Aphorismus", Tübingen 2007

„Die Welt ist voller Sprüche. Große Aphoristiker im Porträt", Bochum 2010

Andreas Egert: „Der Fall Aphorismus. Zur Genese und Aktualität einer Gattung", Dresden 2015

Kurzgeschichte des Aphorismus

Subjektiver Lektürebericht

Aphorismen sind kurze geistreiche Sätze, prägnant konzis formulierte Bonmots, isolierbar vieldeutige, s(pr)achpointierte Mikrosachprosa zwischen Bild und Begriff, Gefühl und Gedanke, Metapher und Metaphysik. Sie sind häufig heruntergekommen zu seichten Gesinnungssprüchen und windigen Wortspielwitzeleien und sollten doch rehabilitiert werden als ein philosophischer Gehalt in literarischer Gestalt. Aber Aphorismen, länger als drei Sätze, bleiben als „Aufzeichnungen" oder „Essays" hier unberücksichtigt.

Was Traditionswert des klassischen Altertums genannt wird, sind wohl zu einem Gutteil nur lateinisch-griechische Sentenzensammlungen. (Gnomologien)

Hippokrates wollte mit empiristischen Heilregeln kurieren, *Heraklit* mit dialektischem Rätselspruch den gesunden Menschenverstand verwirren.

„Das Leben ist eine Komödie für Denkende und eine Tragödie für alle, die fühlen." (Hippokrates)

Tacitus und *Seneca* schrieben zwar keine Aphorismen, förderten aber das konzise Stilideal.

Fr. Bacons „Novum Organum" rechtfertigte theoretisch vorweg, was B. *Gracians* „Handorakel" aphoristisch praktizierte, als er eine empiristische „traditio per aphorismos" gegen alle scholastische „traditio methodica" verteidigte für den Weltmann.

„Manche mögen lieber die Ersten in der zweiten Klasse als die Zweiten in der ersten sein." „Viele verlieren ihren Verstand deshalb nicht, weil sie keinen haben." „Das Gute, wenn kurz, ist doppelt gut; und selbst das Schlimme, wenn wenig, ist nicht so schlimm." „Einigen macht ihr Posten Ehre, Andere ihm." (Baltasar Gracian)

Der Antijesuit *Pascal* schrieb Aphorismen, um Nichtchristen zu Christen zu machen, indem er die Religion gegen jeden cartesianischen Rationalismus rational verteidigte. (Der Protestant *Rudolf A. Schröder* schrieb für Christen und hörte auf, welche zu schreiben, als er begann, ein Christ zu werden, während *Chestertons* Aphorismen immer geistreicher wurden, je katholischer er selber wurde.)

„Die Menschen sind so notwendig Toren, dass es auf eine andere Art töricht wäre, kein Tor zu sein." „Nichts ist der Vernunft so angemessen wie dies Nichtanerkennen der Vernunft." „Durch den Raum erfasst mich das Weltall und verschlingt mich wie einen Punkt, durch das Denken erfasse ich es." (Blaise Pascal)

Der Herzog *de Larochefoucauld*, Frondeur gegen den Hofadel von Versailles, schrieb wenig genug, um nie Überdruss zu bereiten. Hätte er mehr geschrieben, hätte sein Thema, die Eigenliebe unter allen Tugendmasken, dafür nicht ausgereicht. Die Französischen Moralisten haben oft mehr Sach- als Sprachpointen, der Sprachwitz steht im Dienst der satirischen Reduktionspsychologie : *Dies* behauptet es zu sein, doch *das* ist es wirklich! X n´est que Y. „Heuchelei ist eine Huldigung des Lasters an die Tugend." „Lieber sagt man Schlechtes von sich selbst als gar nichts." „Oft tut man Gutes, um ungestraft Böses tun zu können." (François Duc de La Rochefoucauld)

Der kränkelnde und jungverstorbene Offizier *Vauvenargues* verfasste weniger Aphorismen über das Laster in allen Tugenden als umgekehrt Euphorismen über die Tugend in den Lastern, und verteidigte nackte Gefühle gegen bloße Gedanken. Er stellte Affekt über Intellekt und Herz über Kopf.

„Wir entdecken in uns selbst, was andere uns verbergen, und erkennen in anderen, was wir vor uns selber verbergen." „Große Gedanken kommen von Herzen." „Aphorismen sind die Einfälle der Philosophen." „Hochmut tröstet die Schwachen." „Wir denken nicht so gut, wie wir handeln." (Vauvenargues, Luc de Clapier)

J. de La Bruyère beschrieb die „Charaktere" in Aphorismen und schrieb Aphorismen als Typen-Porträts in der Nachfolge Theophrasts. Der Konservative übersah dabei nicht das Elend der Bauern.

„Man will das ganze Glück des Geliebten ausmachen - ist das unmöglich, sein ganzes Unglück." „Der Weise meidet zuweilen die Menschen, aus Furcht, sich zu langweilen." „Man muss schon jeglichen Geistes bar sein, wenn Liebe, Bosheit und Not ihn nicht wecken." (Jean de La Bruyère)

„Krieg den Palästen, Friede den Hütten!" Der uneheliche *Nicolas Chamfort* wurde ganz zu Recht bewundert von so unterschiedlichen Geistern wie Lichtenberg und Schlegel, Schopenhauer und Nietzsche. In der Revolution biss er die adlige Hand, die ihn gefüttert hatte, und die Bürger bedankten sich, indem sie ihn in den Selbstmord trieben. Hatte er nur die Ressentiments seiner vom treulosen Adel enttäuschten Mutter aphoristisch vollstreckt? Larochefoucauld verteidigte die schlechte Gesellschaft gegen die grausame Natur, Chamfort aber die menschliche und die grüne Natur gegen die gute Gesellschaft, sah in uns aber zugleich weniger freie Naturwesen als konditionierte Sozialprodukte.

„Der Adel, sagen die Adligen, sei eine Zwischenstufe zwischen König und Volk, Ja, so wie der Jagdhund eine Zwischenstufe ist zwischen dem Jäger und dem Hasen." „Man glaubt nicht, wie geistreich man sein muss, um niemals lächerlich zu werden." „Der Philosoph, der seine Leidenschaften ausrotten will, gleicht dem Chemiker, der sein Feuer löscht." „Das Geld ist sehr schätzenswert, wenn man es verachtet." (N. Chamfort)

Montesquieu bezog seine republikanische Gewaltenteilung aus der „Germania" des Tacitus. Aphorismen verfasste er, ohne es zu wollen, als er nachgelassene „Pensées" über den „Geist der Gesetze" schrieb wie Canetti über „Masse und Macht".

„Der Krieg des Spartacus war der legitimste, der je unternommen wurde." „Wie ich in meinem Unglück auf die Götter vertraute, fürchte ich sie in meinem Glück." „Die freien Nationen sind zivilisiert, die in Sklaverei lebenden kultiviert." (Montesquieu)

Jouberts reizvolle Aphorismen der ‚Carnets' sind oft gar keine, sondern anregende Aperçus über les sciences et les beaux arts : „Sternbilder". Den konzisen stenographoristischen Stil hat er ausdrücklich gerechtfertigt als „Wurfgeschoß des Geistes".

„Die Welt sehen heißt, über Richter zu richten." „Der Geistreiche ist der Wahrheit sehr nahe." „Gott will, dass wir selbst seine Feinde lieben." „Lehren heißt zweimal lernen." (Joseph Joubert)

Théodore Jouffroy ist mit seinem „Grünen Heft" heute leider so gut wie nicht mehr bekannt.

„Man müsste Truppen an die Grenze des Todes verlegen, wenn die Unsterblichkeit bewiesen wäre, sonst würde die Armee der Lebenden desertieren." „Die Sinne nehmen die Welt beim Schwanz, die Vernunft beim Kopf, die Mitte entgleitet immer." „Trösten heißt, an den Egoismus erinnern."

Revolutionsflüchtling *Antoine de Rivarol* ist trotz Ernst Jüngers Lob lesenswert bis heute.

„Die Liebe ist ein Raub der Natur an der Gesellschaft."
„Wir leben in einer Zeit, wo Unscheinbarkeit mehr schützt als das Gesetz und sicherer macht als Unschuld."
„Ein Buch, das man stützt, ist ein Buch, das fällt."

Die frühdeutsche Larochefoucauld-Rezeption bei Knigge, Lavater und Ehrmann z.B. ist heute wohl nur noch literaturwissenschaftlich interessant.

Lichtenbergs posthume Sudelbücher enthalten etwa 2000 gleichzeitig literarische und wissenschaftliche Aphorismen, die oft Satiren sind. Der Biedermeier-Forscher Fritz Sengle schrieb im Vorwort zu seiner eher schmalen Lichtenberg-Auswahl: „Die Edelsteine verbergen sich auch hier in großen Massen geringeren Gesteins. Eine noch schärfere Auswahl wäre denkbar." (Stuttgart 1980) Das gilt ähnlich für die meisten übrigen Aphoristiker, deren Volltrefferquote weit unter einhundert Prozent liegt.

„Wenn die Menschen plötzlich tugendhaft würden, so müssten viele tausende verhungern." „Wir, der Schwanz der Welt, wissen nicht, was der Kopf vorhat." „Es lässt sich ohne sonderlich viel Witz so schreiben, dass ein anderer sehr viel haben muss, es zu verstehen." „Zeit urbar machen." „Neue Irrtümer erfinden." (Georg Christoph Lichtenberg)

J. G. Seume schrieb die politisch progressivste Aphoristik seiner Zeit. Dass diese politische Brisanz republikanischer Privilegienschelte zuweilen über mangelnde sprachliche Konzision hinwegtäuscht, verbindet ihn mit dem linken *Jochmann*. „Wo keine Sklaven sind, kann kein Tyrann entstehen." „Wer nichts fürchtet, kann leicht ein Bösewicht werden, aber wer zu viel fürchtet, wird sicher ein Sklave." „Die Gesellschaft gesteht uns oft zu viel zu, das tut sie aber für das Zuviel, das sie uns genommen hat." (J. G. Seume)

Was gut ist an J. W. *Goethes* „Maximen und Reflexionen", stammt oft nicht von ihm, und was von ihm stammt, ist zu oft unerwartet banal.

„Die christliche Religion ist eine intentionierte politische Religion, die, verfehlt, nachher moralisch geworden ist." „Innerhalb einer Epoche gibt es keinen Standpunkt, eine Epoche zu betrachten." „Man weicht der Welt nicht sicherer aus als durch die Kunst, und man verknüpft sich nicht sicherer mit ihr als durch die Kunst." „Alles wahre Aperçu kommt aus einer Folge und bringt Folge. Es ist Mittelglied einer großen aufsteigenden Kette." (Goethe)

Der „Demokritos" von *Karl Julius Weber* ist ein recht spitzes aphoristisches Zitatfeuerwerk.

Fr. Schlegels romantische Ironie ist Metaphysik der Metapher und Metapher für Metaphysik. Bei den Romantikern haben die metaphoristischen Selbstbezüglichkeiten und unendlich reflektierten Spiegelkabinette häufig zu große Textlänge, die die Pointen zerredet. *Novalis* schrieb „Blüthenstaub":
„Wer nicht sucht, wird bald nicht mehr gesucht."
„Wir suchen überall das Unbedingte und finden immer nur Dinge." "Jeder Satz muss einen selbständigen Charakter haben - ein selbständiges Individuum, Hülle eines witzigen Einfalls sein." „Manche Leute hängen wohl darum so an der Natur, weil sie als verzogne Kinder, sich vor dem Vater fürchten und zu der Mutter ihre Zuflucht nehmen." „Den Satz des Widerspruchs zu vernichten, ist vielleicht die höchste Aufgabe der höhern Logik."
(Friedrich Hardenberg)
„Witzige Einfälle sind die Sprüchwörter des gebildeten Menschen." „Ein Fragment muss gleich einem kleinen

55

Kunstwerk von der umgebenden Welt ganz abgesondert und in sich selbst vollendet sein wie ein Igel." „Der Witz ist das Prinzip und Organ der Universalphilosophie." (Friedrich Schlegel)

„Chrestomathien" aus Werken *Jean Pauls* sollten auch gegen H. Frickes gattungstheoretische Bedenken wieder aufgelegt und die ungedruckten sechs Aphorismenkonvolute endlich herausgegeben werden nach 200 Jahren : Ein Skandal. Seine Aphorismen verbinden Poesie und Philosophie wie Idylle und Satire auf vorbildliche Weise, auch im Roman. „Sprachkürze gibt Denkweite." „Man hat die Furcht nur, um hoffen zu können." „Die meisten reden origineller als sie schreiben." „Ein Buch ist für das Volk ein Stück Kirche oder Religion." „Der erste Bettler nach einer Feuersbrunst bekommt am meisten." (Jean Paul Richter)

Fr. Hebbel schrieb pointiertere Tagebücher als der weichere Goethe-Epigone *Franz Grillparzer*:
„Einfälle sind die Läuse der Vernunft." „Die Welt will nicht Heil, sondern einen Heiland." „Mit Blitzen kann man die Welt erleuchten, aber keinen Ofen heizen." „Eigensinn ist das wohlfeinste Surrogat für Charakter." (Friedrich Hebbel)
„Das Gesetz straft das Verbrechen, die Natur die Ungeschicklichkeit." „Was der Staat dem Verhungernden gibt, muss er dem Hungernden nehmen." „Wenn jemand meinte, die Bäume wären da, um den Himmel zu stützen, so müssten sie ihm alle zu kurz vorkommen." (Grillparzer)

Heines Aphorismen sind Pariser Esprit auf Deutsch, oft witzig verpuffende Gags ohne weiter-

entwickelbare Vieldeutigkeit und Verweisungsver-
mögen. Lyrik wird ironisch durch Logik gelähmt.

„Luther erschütterte Deutschland - aber Francis
Drake beruhigte es wieder : er gab uns die Kartoffel."
„Die Toren meinen, um das Kapitol anzugreifen, müsse
man zuerst die Gänse angreifen." „Die Gesellschaft ist
immer Republik - die einzelnen streben immer empor,
und die Gesamtheit drängt sie zurück." (Heinrich Heine)

Schopenhauer war eher Essayist als Aphoristiker und verachtete die Konzision um jeden Preis
als witzlose Spielerei auf Kosten des Gedankens.
Seine "Aphorismen zur Lebensweisheit" sind alles,
auch alles Gute, aber keine Aphorismen, es sei denn,
man zitiere daraus besonders pointierte Sentenzen.

„Die unbestimmte Sehnsucht und Langeweile
sind einander verwandt." „Was dem Herzen widerstrebt,
lässt der Kopf nicht ein." „Der Tod versöhnt den Neid
ganz, das Alter schon halb." „Man lernt nur dann und
wann etwas; aber man vergisst den ganzen Tag." (Arthur
Schopenhauer, 1851)

Nietzsche schrieb die bisher klügsten Philo-
sophorismen, obwohl der selbstgefällig pathetische
Verkünderton des Pastorensohns häufig nur peinlich
wirkt. Die aggressive Entlarvungspsychologie ist ein
reflexiver Fortschritt hinaus über die Moralpsycho-
logie von Larochefoucauld und Chamfort. Seine
weitschweifige Redseligkeit widerstreitet aber zu oft
seinem eigenen Drang zur lakonischen Prägnanz.
„Kein Sieger glaubt an den Zufall." „Die Strafe hat den
Zweck, den zu bessern, welcher straft." „Freigiebigkeit

ist bei Reichen nur eine Art Schüchternheit." „Jedes Wort ist ein Vorurteil." „Der Asket macht aus der Tugend eine Not." „Der hat keinen Geist, der ihn sucht."
(Friedrich Nietzsche)

Seine adlige Bewundererin *Marie von Ebner-Eschenbach* ist die einzige Frau unter den Großen der Gattung. Von ihren 500 entwicklungsfähig schlichten Aphorismen mit Widerhaken wirkt etwa jeder dritte als feinsinniger Treffer, und diese Quote ist doch überraschend hoch für reine „Satzsteller".

„Wenn man ein Seher ist, muss man kein Beobachter sein." „Die glücklichen Sklaven sind die erbittertsten Feinde der Freiheit." „Die Welt gehört jenen, die sie haben wollen, und wird von jenen geschmäht, denen sie gehören sollte." (Marie von Ebner-Eschenbach)

Vor lauter Angst, die Wahrheiten den Pointen zu opfern, opfern sie Pointen zu leicht ihren Binsenweisheiten: *Raabe, Klinger, Feuchtersleben, Gutzkow, Gött* und *Hauptmann,* wie viele andere der zweiten Garde im 19. und frühen 20. Jahrhundert.
„Es fällt immer ein erste Schneeflocke, was für ein Gewimmel später kommen mag." „Es tötet nichts so sicher als das Leben." „Die Menschen sind nur allzu häufig imstande, wenn das Lebendige unter den Toten erscheint, das erstere für ein Gespenst zu halten." (Wilhelm Raabe)

„Jeder wahre Gedanke trägt das Universum in sich, und keiner spricht es aus." „Der vollendete Schein lässt sich nur durch das Sein erzielen." „Dichter, welche sich in Sentenzen und Betrachtungen zu ergehen lieben, haben meist ein reicheres, inneres Leben, aber nicht die Kraft, es zu gestalten." (Ernst von Feuchtersleben)

„Bitter ist es, das heute zu müssen, was man gestern noch wollen konnte." „Es ist ein glückliches Gefühl, für einen Hass, den wir bis dahin nur instinktmäßig nährten, plötzlich einen triftigen Grund zu haben." „Ein ganzes Unglück verdrießt uns nicht so sehr wie ein nur zur Hälfte eingetroffenes Glück." (Karl Gutzkow)

„Materie ist die Hartnäckigkeit der kleinsten Lebewesen." „Wer zu spät kommt, sieht nach der Uhr." „Wer rudert, sieht den Grund nicht." „Lachen ist Ausdruck der gekitzelten Eitelkeit." (Wilhelm Busch)

„Was man der Handlung gibt, nimmt man den Charakteren." „Wahrheiten dürfen nicht dicht beieinanderstehen, sonst verbrennen sie." „Man darf nicht das Gras wachsen hören, sonst wird man taub."
(Gerhard Hauptmann)

„In tausend Sklaven stecken 999 Sklavenhalter!" „Man glaubt zu glauben, aber auch zu unglauben." „Am feinsten lügt das Plausible." (Emil Gött)

An der Zeitenwende kann vor allem *Emanuel Wertheimer* überzeugen mit hoher Trefferquote „Geist ist die Jugend des Alters." „Wer älter aussehen will, als er ist, suche jünger zu erscheinen!" „Erst wenn man alt wird, verstünde man so recht jung zu sein."

Karl Kraus hat sehr gute bösartige und viele andere Aphorismen geschrieben, die häufig schlechter sind als sein Ruf. Die Umkehrung von Sprichwörtern und Redewendungen ist oft zu billige Mechanik und der Sinn für verletzende Schärfe manchmal eher angestrengt als scharfsinnig. Er träumt vom reinen und harten Wort, er will die verhurte Sprache der Presse wieder ganz unschuldig machen.

Frauen finden, dass sein Frauenlob nach Männerphantasien stinkt. Sein Intimfeind *Anton Kuh* gehört aus dem Schatten von Kraus heraus in eine Anthologie des Besten unter zweitbesten Aphoristikern.

„Das Familienleben ist ein Eingriff ins Privatleben." „Der längste Atem gehört zum Aphorismus." „Nicht alles, was totgeschwiegen wird, lebt." „Er zwang sie, ihr zuwillen zu sein." „Eine der verbreitetsten Krankheiten ist die Diagnose." „Meine Sprache ist die Allerweltshure, die ich zur Jungfrau mache." „Zu allen Dingen lasse man sich Zeit, nur nicht zu den ewigen." „Die Medizin : Geld her und Leben!" (Karl Kraus)

Canetti steht zu seinem später bekämpften Idol Kraus beinahe wie der positive Vauvenargues zu seinem negativen Vorbild Larochefoucauld. Aber bei ihm geht es nicht gegen die Phrasenpresse, sondern um jeden Preis mit Chinesen und Tieren gegen den Tod und jedes System. Gedankenexperimente liebt der Chemiker wie der Physiker Lichtenberg, aber die Ideen sind oft genug originell und witzlos oder witziger und weniger originell.

„Manches merkt man sich bloß, weil es mit nichts zusammenhängt." „Er hat die herzlosen Augen eines über alles Geliebten." „Die großen Aphoristiker lesen sich so, als ob sie alle einander gut gekannt hätten." „Die Photographie hat das Ebenbild zerstört." „Man kann nicht atmen, es ist alles voll Sieg." (Elias Canetti)

Aphoristischer Antitotalitarismus : Die Polen haben politische Gnomik erst scharf und zur bittersten Sklavensprache gemacht. *Stanislaw J. Lec* schrieb die besten unter den kürzesten Aphorismen des 20. Jhs. Manches lässt sich nach fünfzig Jahren nicht kürzer, aber raffinierter fassen, da jede Reflexionsstufe vor der nächsthöheren wieder naiv wirkt. „Jede präzise Definition der Welt müsste ein Paradox sein." „Ein Volltreffer : keinen Menschen treffen." „Falsche Propheten erfüllen ihre Prophezeiungen selbst." „Die Herausforderung will herausgefordert werden." „Dummheit befreit nicht vom Denken." „Wann kam das Ziel selbst zum Ziel?" „Auch zum Zögern muss man sich entschließen." „Nicht sein, sondern denken, denken, denken!" „Es braucht große Geduld, sie zu lernen." (Lec)

W. Brudzinski, der heutige Seume, blieb zu unbekannt mit „Roter Katz" und „Katzenjammer".

„Nachricht : Ich warne vor Scylla. Charybdis." „Oft gehen zwei Idioten eine Vernunftehe ein." „Begehe Fehler, die Zukunft haben!" „Ich kapituliere - aus Furcht vor dem Sieg." (Wieslaw Brudzinski)

Die Anthologie „Bedenke, bevor du denkst" (1984) versammelt eine recht bauchbare Auswahl polnischer Aphoristiker:

„Welt : Die Selbstverteidigung Gottes gegen das Nichts." „Tod: Welt minus Individuum." (Stefan Napierski)

„Am treuesten ist der Hund, auf den der Mensch kommt." „Bekannter : ein Mensch, den wir gut genug kennen, um etwas von ihm auszuleihen, aber nicht gut genug, ihm etwas auszuleihen." (Julian Tuwim)

„Thesen sehen oft aus wie Synthesen." „Schablonen siegen immer." „Liebe ist ein Sakrileg auf Gegenseitigkeit." „Auch Dummheit ist eine Art, seinen Verstand zu gebrauchen". (Karol Irzykowski)

„Nur der Selbstgenügsame ist frei." „Wer die Sonne lieben will, muss sein wie die Sonne." „Wenn jedes Denken nur Überbau ist, ist es am besten, nicht zu denken." „Glück ist ein Synonym für rücksichtslose Anpassung." (Stanislaw Brzozowski)

P. Valérys „Rhumbs" enthalten nicht weniger scharfe Bonmots als scharfsinnige Beobachtungen, vieles aber ist kotextuell zu wenig isoliert und zu essayistisch weitschweifig, ähnlich wie bei *W. Benjamin* und bei dem Schweizer *Ludwig Hohl.* Valéry ist der einzige französische Aphoristiker der Neuzeit von Rang, und es ist unverständlich, warum Franzosen seit J. Joubert den aphoristischen Staffelstab nie wieder ganz an sich gerissen haben. Sogar Paul *Valérys* vielgerühmte „Cahiers" sind nicht alles gleichwertige Gedankenexperimente. Die Auswahl der „Windstriche" könnte noch schärfer getroffen werden wie Lichtenbergs „Sudelbücher", um einmal den qualitativen Kernbestand ganz herauszustellen. Hebbels Tagebücher ergaben „Läuse der Vernunft". "Denken! Das heißt den Faden verlieren." „Selbst wenn er fragt, ist der Geist Antwort." „In sehr kurzen Texten erreicht die Wirkung des geringsten Details die Größenordnung der Gesamtwirkung." „Die Sprache hat das Denken nie zu Gesicht bekommen." (Paul Valéry)

Hofmannsthal schrieb so wenige pointierte Saillies wie seine Freunde *Schröder* und *Schnitzler,* dessen innerhalb der Komödien pointierte Bonmots nicht immer auf eigenen Füßen stehen könnten.

„Wenn der Hass feige wird, geht er maskiert in Gesellschaft und nennt sich Gerechtigkeit." „Der Trotz ist die einzige Stärke der Schwachen - und eine Schwäche mehr." „Es ist keine Höflichkeit, einem Lahmen den Stock tragen zu wollen." „Schüttle ein Aphorisma, so fällt eine Lüge heraus und eine Banalität bleibt übrig." (Arthur Schnitzler)

„Tun ist sich aufgeben." „Die Anekdoten des Chamfort sind reizend, aber dass er sie alle aufschreiben konnte, degradiert ihn." „Wir haben keine neuere Literatur. Wir haben Goethe und Ansätze." (Hugo von Hofmannsthal)

„Magna Mater : (auf deutsch) des Teufels Großmutter." „Ästh-Ethik." (Rudolf Alexander Schröder)

Chr. Morgenstern ist als Aphoristiker nicht nur an den „Galgenliedern" zu messen und in seinen (anthroposophischen) „Stufen" auch zu entdecken. „Alles Denken ist Zurechtmachen." „Der Duft der Dinge ist die Sehnsucht, die sie uns nach sich erwecken." „Man kann wohl sagen, dass das Geschlecht zwei Drittel aller möglichen Geistigkeit auffrisst." (Christian Morgenstern)

Es lohnt sich ja, aus Adornos dichtgewebten Essays die konzis geschliffenen Reflexionen herauszupräparieren, um sie zu Aphorismen zu isolieren. Seine Essays bestehen fast ganz aus Aphorismen. „Wahr sind nur die Gedanken, die sich selbst nicht verstehen." „Bei vielen Menschen ist es bereits eine Unverschämtheit, wenn sie Ich sagen." „Der Splitter in deinem Auge ist das beste Vergrößerungsglas." (Th. W. Adorno)

Adornos Lob der individuellen Petitessen ist eine philosophische Rechtfertigung des Aphorismus, den er selbst weniger praktiziert hat als sein Schüler *Schweppenhäuser*, dessen oft etwas überanstrengte Reflexionen den Meister gelegentlich fast überbieten. Er schrieb philosophische, Adorno als der Erbe Nietzsches, Benjamins und Valérys nur literarische.

„Zu der Zeit, als die Kinder noch Schutzengel hatten, waren die Lehrer ihre Schutzteufel." „Die Kultur ist das Alibi der Barbarei, das diese schon nicht mehr nötig hat." „Kultur ist etwas wie die Verabredung der Beteiligten zu verschweigen, dass sie keine ist." (H. Schweppenhäuser)

Hans Kudszus in seiner Nähe zu Adorno ist verbesserungswürdig nur dort, wo er mit Banalitäten nicht immer ganz auf dem Reflexionsniveau seiner Zeit ist. Der spätere Kudszus wurde dialektischer.

„Wenn wir uns verstehen, müssen wir uns falsch ausgedrückt haben." „In der Schwermut entdeckt das Denken seine Sinnlichkeit." „Wenn wir die letzte Maske ablegen, verlieren wir unser Gesicht." „Erleben gibt Fülle, Verzicht gibt Profil." (Hans Kudszus)

Noch weniger konzis pointierte Aphorismen als *W. Benjamin*, Adornos spiritus rector, in seiner „Einbahnstraße" schrieb Bloch in den „Spuren".

„Der Ausdruck der Leute, die sich in Gemäldegalerien bewegen, zeigt eine schlecht verhehlte Enttäuschung darüber, dass dort nur Bilder hängen." „Glücklich sein heißt, ohne Schrecken seiner selbst inne zu werden." (Walter Benjamin)

Bei der wie bei Leibniz überfragmentierten Schreibweise *Wittgensteins* läge das etwas näher:

„Nur wenn man noch viel verrückter denkt als die Philosophen, kann man ihre Probleme lösen." „Der Gruß der Philosophen unter einander sollte sein: Lass Dir Zeit!" „Beim Philosophieren muss man ins alte Chaos hinabsteigen, und sich dort wohlfühlen." (Ludw. Wittgenstein)

Vom irischen Sozialisten *G. B. Shaw* gilt, was von Heine gesagt war, und vieles, was damals mit dem Kopf durch die Wand gesagt war, rennte heute offene Türen ein, Gott sei Dank für die Realität und schade für den Aphorismus. Seine Aperçus wären zu exzerpieren wie die seines christlichen Gegenspielers Chesterton. Wenn es im 20. Jahrhundert einen aphoristischen Nachfolger Pascals gibt, dann nicht den Protestanten Schröder, sondern den Katholiken *Chesterton*, bei dem die christliche Apologie gerade nicht auf Kosten der Pointierung und aphoristischen Würze geht.

„Der wahre Glanz der Jugend liegt darin, dass sie den ganzen Weltraum für sich hat, um die Beine auszustrecken." „Über welche anderen Dinge als über ernste Dinge kann man denn Scherze machen?" „Das Leben ist zu erhaben, um genossen zu werden."
(Gilbert Keith Chesterton)

Chestertons geheimer katholischer Zwilling ist der sehr feine Kolumbianer N. *Gómez Dávila*:

„Der höchste Aristokrat ist nicht der Feudalherr auf seinem Schloss, sondern der kontemplative Mönch in seiner Zelle." „Das einzig Sinnvolle ist, Gott mit unseren Gebeten starrsinnig zu belästigen." „Die wahre Lektüre ist Flucht. Die andere Beruf." „Die Synthese sollten wir Gott überlassen." (Nicolás Gómez Dávila)

Kirchenkritiker *Deschners* linke Gesinnung ersetzt nicht immer das aphoristische Können. Auch der deutsch schreibende Tscheche *Gabriel Laub* verblüfft durch allerlei Mittelmäßiges unter pointiert Gelungenem. Der aphoristische Narziss streicht ja nicht gern, und dieses Nebeneinander von Raffinade und Simpliziade ist bei Aphoristikern oft zu finden. Kurz : Linksliberale sind häufig politisch sympathischer, aber Konservative aphoristisch stringenter.

„Vorsicht - auf einer Kugel ist alles abschüssig!" „Geist ist imitierbar, Mut nicht." „Sicher an der Erlösung ist nur der Erlös daraus." „Demut ist nur eine Form von Rache." (Karlheinz Deschner)

„Gibt es heute noch Gründe, gründlich zu sein?" „Feige sind die anderen. Ich bin besonnen." „Theorien werden aus praktischen Gründen erfunden." (Gabriel Laub)

„Die Selbstbedienung hat die Selbstbeherrschung als soziale Tugend abgelöst." „Der dritte Weg ist die Sackgasse." „Das einzige Privileg des Alters: die sozialen Sanktionen greifen nicht mehr." (Johannes Gross)

Hans Arndt und *Hans Kasper* waren vor der APO von 1968 politisch genug, heute wirken sie oft harmlos prätentiös, und vieles ist eher gutartig als gut. Das Beste sollte, wie bei vielen zweitrangigen Aphoristikern, in Taschenbücher zusammengezogen werden, um es vor nur Gutgemeintem zu retten.

„Die Niederlage der Großen sind ihre Nachfahren."
„Nonkonformismus ist die maulende Abhängigkeit von
den herrschenden Thesen." „Es ist ein Missverständnis,
die Gedankenfreiheit bis zur Unabhängigkeit vom Ver-
stande voranzutreiben." (Hans Kasper)

Nicht nur die Aphorismen wären zu kürzen,
sondern auch und vor allem die Aphorismenbände.
Aphoristiker zweiter Güte haben nicht nur zweit-
klassige geschrieben, sondern zu wenige gute unter
zu vielen minderen. Ihre je besten Sprüche wären da
behutsam auszuwählen, um sie gegen ihre Verfasser
zu verteidigen. Nur so gibt es Überlebenschancen
für das Beste der Zweitbesten, etwa auf der Kippe
zwischen Tradition und Moderne:
        „Grundsätze hat jeder dort, wo er Herr ist."
„Reife muss nicht gleich in Säure übergehen." „Wenn die
Menschen sich nicht aushalten, unterhalten sie sich mit-
einander." (Richard Schaukal)
        „Gerechtigkeit ist nur in der Hölle; im Himmel
ist Gnade, und auf Erden ist das Kreuz." „Es sind immer
nur die Schwachen, welche die Schwachen verachten."
„Von Gott verlassen ist man auch bei Gott."
(Gertrud von Le Fort)
        „Dem Staat gehört die Straße, aber nichts wei-
ter." „Das Antlitz der Natur ist der Mensch." „Nur das
Werk ist Glück - alles andere ist Reizung."
(Georg Kaiser)
„Nichtstun mehrt den Frieden der Welt." „Das Werdende
hat immer den Anschein des Gesetzlosen." „Der Beweis
fügt einer Wahrheit nichts hinzu." (Friedrich Jünger)
„Sie reden von Brüderlichkeit, schaffen's aber nur bis zur
Kumpanei." „Ein gefallener Apfel liegt leichter als ein

Wurm, der ihn zu Fall gebracht hat." „Nicht weil es dort Sonne gibt, reizt mich der Süden, sondern weil es dort angenehm ist, im Schatten zu sitzen." (Martin Kessel)

„Wir sollten aus keinem Gedanken mehr machen, als er aus uns macht." „Wer ganz Ohr ist, hört nicht." „Es ist leichter, zehn praktische Gedanken zu fassen, als einen theoretischen, und wiegt auch dementsprechend weniger." (Moritz Heimann)

Ausnahmen sind Musils ambivalente Aphorismuseinstellung und auch Kafkas „existenzieller Bildaphorismus". Im Alter hat Musil das Bonmot weniger erfolgreich praktiziert als theoretisch gerechtfertigt für sein wucherndes Romanfragment.

„Aphorismen sollte nur einer schreiben, der große Zusammenhänge vor sich sieht." „Der moderne Mensch ist feig, aber er lässt sich gern zum Heroismus zwingen." „Nicht das Genie ist 100 Jahre seiner Zeit voraus, sondern der Durchschnittsmensch ist um 100 Jahre hinter ihr zurück." (Robert Musil)

„Der Weg ist nur ein Zögern." „Wer sucht, findet nicht, aber wer nicht sucht, wird gefunden." „Wer glaubt, kann keine Wunder erleben. Bei Tag sieht man keine Sterne." „Psychologie ist Ungeduld." (Franz Kafka)

Zwischen Weimar und Bonn überzeugen *Felix Pollak* und *Werner Kraft* mehr als Sprüchemacher wie *Bertram, Werfel, Benz, Strauß, Margolius*.

Sein Vorbild Vauvenargues hat *Wilhelm von Scholz* nicht lange davor bewahrt, sich politisch zu kompromittieren, wo er nicht nur Gefühle vor Gedanken schützte, sondern auch das Blut vorm Kopf.

Joachim Günther ist wohl der bessere *Erich Brock*, und beide sind Verächter der billigen Effekthascherei und des leeren Aperçus, hier zu Recht, dort nur aus Ressentiment : Immer wieder feinste Beobachtungen, aber zu oft humanistisch zerredet.
„Mein Körper steckt eher in mir als ich in ihm." „Ein sehr gesundes Alter hat auch etwas Obszönes." „Das Auge ist auch ein Organ zur Verhinderung von Erkenntnis."
(Joachim Günther)
„Wenn man mit dem Widerspruch spielt, wird man leichtsinnig wie ein Anatomiediener mit dem Leichengift." „Meistens brauchen die Glücklichen keine Religion. Früher sah man darin einen Einwand gegen das Glück, heute einen gegen die Religion." (Erich Brock)

Tucholskys „Schnipsel" sind die witzigeren Aphorismen eines Heine des 20 Jahrhunderts, aber auch voll „linker Melancholie" wie bei Erich Kästner, Walter Benjamin hat es zu Recht eingeklagt.
„Nie geraten die Deutschen so außer sich, wie wenn sie zu sich kommen wollen." „Jeder historische Roman vermittelt ein ausgezeichnetes Bild von der Epoche des Verfassers." „Wegen ungünstiger Witterung fand die deutsche Revolution in der Musik statt." (Kurt Tucholsky)

Heimito von Doderers Wörterbuch „Repertorium" ist aphoristischer als der oft übervertrackte „Innere Erdteil" von Albert Paris Gütersloh : Die schlechten ins Töpfchen, die guten ins Köpfchen. Er überragt andere Österreicher wie Herbert Eisenreich und auch Hans Lohberger, weil er philosophischer dichtet und poetischer denkt als etwa Schnitzler.

„Jeder Mensch, der nur seinen Charakter realisiert, ist dämonisch." „Die Dummheit spielt leben." „Jederzeit besuchsfähig zu sein, dies ist das comme-il-faut der Intelligenz." „Leben. Im Grunde : es wird uns ein fremder Hut gesetzt auf einen Kopf, den wir noch gar nicht haben." „Schreiben : Über dem Abgrund schweben, gehalten nur von der Grammatik." „Für den überwiegenden Teil der Menschen ist die Musik ein angenehmes Mittel, ihre eigene Plattheit zu pathetisieren." (v.Doderer)

Der Schweizer *Hans Albrecht Moser* verweist seine Landsleute Hohl und Rychner auf ihre Plätze. Viele Eskapismen Hohls wirken recht hohl, aber auch Moser zerredet manche mögliche Pointe.
„Krankheit und Schwäche machen treu." „Wir können reden, mit wem wir wollen, wir meinen immer einen anderen." „Armut entblößt uns von den Mitteln, unseren Charakter zu verbergen." (H. A. Moser)

„Das teuflische Wörterbuch" von *A. Bierce* ist witziger, aber dafür wohl philosophisch etwas gehaltloser. Es enthält gute Bösartigkeiten und böse Gutartigkeiten nebeneinander wie feine Sottisen.
„Sanftmut : Ungewöhnliche Geduld bei der Planung einer wirklich lohnenden Rache." „Anders : Auch nicht besser." „Selbstsüchtig: Bar der Rücksicht auf die Selbstsucht anderer." „Beifall : Echo auf eine Platitude."
(Ambroise Bierce)

Die Sarkasmen von *Oscar Wilde*, englischer Larochefoucauld des 20. Jahrhunderts, sind nicht bloß glattere Sahnebonbonmots, sondern originäre

Salonaphorismen, als es schon keine Salons mehr gab, und triftiger als ihr ressentimentgeladener Ruf.

„Nur Heiliges verdient es, berührt zu werden." „Zeit ist Geldverschwendung." „In dieser Welt gibt es nur zwei Tragödien. Die eine ist, nicht zu bekommen, was man möchte, und die andere ist, es zu bekommen." „Demokratie ist nichts anderes als das Niederknüppeln des Volkes durch das Volk für das Volk." (Oscar Wilde)

Zu viele Aphorismen von *Peter Hille* sind so harmlos gütig wie die von *Margolius*. Der vergessene *Heinrich Waggerl* wirkt noch ergiebiger:

„Sogar das Wasser im Kruge meint, es müsse ein Loch im Bach hinterlassen haben, als es geschöpft wurde." „Heutzutage hat keiner genug, weil jeder zu viel hat." „Auf dem Markt der Welt kann jeder billig kaufen, der sich mit dem Unbezahlbaren begnügt." (H. Waggerl)

Aus *Schnurres* „Schattenphotograph" wären die Aphorismen zu exzerpieren, ebenso das Beste von kabarettnahen Sentenzenschleifern wie *Lembke, Schneyder, Hassenkamp, Rolfs* und anderen.

Der pointierte Stil des Individualisten *Ludwig Marcuse* macht seine Essays fast zu Aneinanderreihungen von scharf(sinnig)en Aphorismen.

E. M. Cioran pflegt von notorischen Optimisten überschätzt zu werden in seinem charmanten Kokettieren mit schwärzester Melancholie.

„Skepsis ist die Eleganz der Angst." „Ein Buch ist ein aufgeschobener Selbstmord." „Existieren ist ein Plagiat." „Grauen ist Zukunftsgedächtnis." (Cioran)

Der naturwissenschaftskritische Biochemiker *E. Chargaff* ist am Chemiker Canetti zu messen.

„Vielseitig ist eintönig." „Allende fällt, Kupfer steigt." „Die Falle macht die Ratte." „Ohne Sklaven keine Freiheit." „Nicht jeder Mist ist ein Dünger." (E. Chargaff)

Renard konnte seine Tagebuchgedanken für seinen Geschmack nie kurz genug machen; für Sartre war er immer zu kurz angebunden wie ein Bauer.

„Das indiskrete Schweigen der Diplomaten." „Ein Mann von Charakter hat keinen guten." „Den Rosen ist das Blut zu Kopf gestiegen." „Überall sein und in einem stillen Winkel." „Sterne. Bei Gott brennt Licht." (Jules Renard)

J. von der Wense ist ein zu wenig beachteter Aphoristiker, der allerdings recht selten pointiert:

„Das Dunkel illustriert den Ton." „Die Erde ist ein Stern. Wir leben im Himmel." „Aus China kam die Weisheit. China besitzt die größte Militärliteratur." „Nach oben streben wir. Die Tiefe strebt nach uns."

Beim Slowenen *Z. Petan* ist linker Sarkasmus zu oft vermischt mit nur witzelnd Gewitztem.

„Glück wird meist von Unglücklichen verkauft." „Ich kenne einen Gott, der für Honorar als Teufel arbeitet." „In der Wüste ist schon ein Unkraut eine Oase."

Ob Kafkas „existenzieller Bildaphorismus" in the long run eine fruchtbare Alternative zum kaustischen „Begriffsaphorismus" von Karl Kraus darstellen kann, sei hier offen gelassen.

Die Zunahme von allerlei „Mischformen" an den Gattungsgrenzen spart sich zu oft die Arbeit des Verdichtens und geht auf Kosten der konzisen Prägnanz. Lichtenberg wollte mit der Nadelspitze treffen, wo er nur mit dem Stock gezeigt hatte.

Anders als zünftige Forscher würden Leser Aphorismen ja nicht gern beschränken auf das, was eine „Autorintention" selbst so deklariert hat, sondern auch aus Gesamtwerken gepflückte „Chrestomathien" vor dem Vergessen und Überlesen retten wollen. „The best of X" wird immer so subjektiv sein wie die Aphorismen selbst, aber fast allen würde es gut tun, stärker gesiebt zu werden. Der Leser muss streichen, wo der Narzissmus der Autoren zurückschreckte. Das Buch „Wer gut abschneidet, kastriert" schlägt am Beispiel von Joubert, Seume, Schlegel, Nietzsche und Kraus einige hochkondensierte Kurzanthologien vor.

In vielen Büchern schlummern ja versteckte Einzelsätze, die gut auch ohne ihren Kontext auf eigenen Füßen stehen könnten und die es behutsam herauszulösen gälte, bevor das Buch zu Recht dem Vergessen überantwortet würde. Den Ausschlag geben sollte allein Qualität, Originalität und Brillanz dieser isolierbaren Einzelpassagen. Jeder Leser kann sein eigenes Florilegium anlegen, aber auch berufene Fachleute sich an diesem verdienstvollen Rettungswerk beteiligen mit ihrem geschulteren Blick für hochwertigere Sentenzraritäten. So ließen sich bessere Bücher aus hunderten von Büchern zusammenstellen, immer höher kondensierte Extrakte und Exzerpte, wie sie sich Jean Paul schon erschuf. Die Bibliotheken der Welt mündeten dann in künstliche „Gnomologien", professionell oder amateurdilettantisch komponiert. Selbst belanglose fiktionale Texte enthalten doch gelegentlich kostbare nichtfiktionale Silberrippen, die ihre zu Staub zerfallenden Mumien überleben könnten. Und jede Textlektüre sollte auch eine Jagd und Fahndung nach solch dekontextualisablen und aphorismierbaren Singularitäten sein.

„Alles Schreiben ist aphoristisch", schrieb J. Derrida etwas übertrieben, aber das wäre wahrer, wenn er nicht so viele schlechte Aphorismen enthielte, von denen der Text zu befreien wäre, um die Goldkörnchen aus Schuttbergen herauszuwaschen. Wenigstens jeder Essay sollte eine strukturelle Konstellation aus triftigen Aphorismen sein, wenn auch mehr und anderes als jede seiner Einzelsentenzen. Der ideale Essay besteht nicht aus Sätzen, sondern aus Aphorismen, deren jeder wieder ein besonders kurzer Essay ist, und manche Aufsätze und Abhandlungen ließen sich auch als essayistische Fundgruben dafür gebrauchen. Ein höherstufiger Essay besteht fast ganz aus aphoristischen Essays, wie manche Texte Adornos dem sehr nahe kommen. Würde dieses Stilideal als Spiel ernst genommen, würden weniger Bücher geschrieben als gelesen. Die Anzahl der Bücher würde schrumpfen, d.h. die Zahl der guten steigen, kommt es doch weniger auf einen Gattungspurismus an als auf die Bonmotqualität.

Henri de Montherlant schrieb Tagebuch-Aphorismen, gut homoerotisch zwischen Heroismus und Hedonismus. Der Stoiker restituierte die von de Larochefoucauld geleugnete Autonomie der Person.

„Die Menschen wollen unmoralisch handeln, aber man soll ihnen moralisch kommen." „Nicht die Realität ist gewöhnlich, sondern das Ideal." „Der Geist dient zu allem und kann so gut wie nichts ersetzen." „Nur über Vorurteile können Menschen sich verständigen."

Gegenwartsaphoristik noch lebender Autoren, die durch erhöhte prozentuale Volltrefferquoten auffallen, sollte später einmal ausgewertet werden.

Als bedeutendster gilt nun *Elazar Benyoetz*, dessen Sprachmystik vielleicht etwas zu vieles wörtlich nimmt, nicht nur das Wort Gottes. Interessant wäre, was anerkannte Schriftgelehrte zu diesen neuen Anwärtern von „Apophthegmata Patrum" sagen.

„Humor - Leichtsinn der Schwermut." „Denken - Scheinwerfen." „Alle Siege werden davongetragen." „An Gott glauben - auf seine Unsterblichkeit verzichten." „Spruchreif - widerspruchwert." „Glänzend - scheinbar."

Franz Czernin bietet permutative Satzvariationen, die oft Zufallsgeneratoren von Computern zu entstammen scheinen. Nicht bei allen mechanischen Begriffskombinationen lässt sich Gescheites denken, und der Autor könnte selber stärker aussieben. Die „Lullische Kunst" ist eher Mechanik als „Organik".

Magisches oder rationales Denken?

Die Ratio weiß selbst, dass sie nicht alles ist, aber gehört die Magie zu ihren ebenbürtigen Alternativen? Heute gängige und beliebte Verstandeskritik und Vernunftkritik beruft sich gern auf spirituelle, esoterische, astrologische oder ähnliche, angeblich legitimere Zugangswege zur Wahrheit, doch das zu Unrecht. Es gibt Irrationales zu Recht und zuhauf, natürlich, doch die von der Vernunft selber eingeräumten Grenzen und Defizite der Ratio (Verstand und Vernunft) lassen sich von magisch-esoterischen Prätentionen nicht kompetent genug kompensieren. Die selbstkritische und vermeintlich selbstherrliche Ratio selbst weiß, dass es viel legitimes Irrationales gibt, sogar in ihr selber. Aber man kann Mitmenschen bewusst oder über das Unbewusste suggestiv beeinflussen, und damit sogar den Lauf der Dinge indirekt ändern, das ist alles und hat mit Magie noch wenig zu tun. Die Ratio will die Welt der Gefühle, Stimmungen und Ahnungen nicht entwerten und vernichten. Sie erkennt nur deren sinnvolle Grenzen. Und so rationell wie berechnende Magie geht sie ja gewöhnlich auch gar nicht vor.

Ein Lexikon definiert : „Magie, die (gr.) : der bei Naturvölkern, aber auch noch in den alten Hochkulturen verbreitete Glaube, dass in bestimmten Gegenständen … gute oder böse Geister (Dämonen) anwesend seien, die durch genau vorgeschriebene Sprüche, Gebärden, Zeichnungen „beschworen", zur Hilfe herbeigerufen (weiße M.) oder auch gebannt werden können (schwarze M.). In hochentwickelten Kulturen nennt man die Magie Aberglauben."

Altpersische „Magier" (Weise) waren ursprünglich etwas zwischen Priestern und Zauberern, Sterndeutern und Wahrsagern.

Sigmund Freud rechnete das magische Denken zum „Animismus", d.h. zu einem mythischen Irrglauben, durch symbolische Rituale an realen kosmischen Mächten teilzuhaben und sie seelisch beeinflussen zu können, ohne arbeitstechnische Verformung der äußeren Realität. Diesen erznarzisstischen Glauben zählte er zu den infantilen menschlichen Allmachtsphantasien, durch die eigenen Gedanken den Lauf der Welt steuern zu können und einen privilegierten Zugang zu transzendenten Kräften zu haben, gleichsam von Geist zu Geist, von eigener kleiner Seele zu "belebter Weltseele".

In frühester Kindheit hatte jeder von uns diese grandiose Urgewissheit, aus der symbiotischen Identifikation mit den uns allmächtig erscheinenden Elternfiguren heraus. Diese "primärnarzisstische" Illusion überkompensiert nach Freud die demütigenden Gefühle realer Hilflosigkeit des abhängigen Kindes vor der Welt und den Eltern. Naturvölker sind dann vor der übermächtigen Natur gleichsam in der Kindheit der Kultur verblieben.

Magie schafft Wunder, indem sie kraft seelischer Vorgänge die reale Kausalität der Naturgesetze aufzuheben scheint. Die Wunder der modernen Maschinentechnik werden deshalb gern als „realistische Magie" bezeichnet. Reale Technik wirkt magische Wunder, weil sie die Naturkausalität gleichsam mit der Kausalität steuert. Aber die Meditationstechnik der „Schamanen" ist ein Suggestions- und Autosuggestionsritual. Die meisten Menschen, die in der Neuzeit diese Fähigkeit sich einbilden, sind bloße Wichtigtuer − oder eben Manipulateure, die Mitmenschen beeinflussen und sich Macht über deren Gemüter erschleichen wollen. Sich oder andere über magische Kräfte verfügen zu sehen, zählt schon selber zum magischen Glauben. Kurzum : Magie ist meist so etwas wie Wunschdenken der Einbildungskraft und nicht der Urteilskraft. Aufschneiderische

Prahlhänse spielen sich auf als telepathische oder telekinetische Talente.

Moderne Zauberer sind Gaukler, die uns durch Tricks und Kniffe *magische* Beeinflussungen der Dinge vortäuschen, zur amüsanten Unterhaltung oder zur psychischen Bemächtigung.

Die magische Illusion ist aber eine für Kunst und Künstler besonders nützliche Illusion, doch eben nur eine Illusion, nicht durch reale Arbeit und reale Technik, sondern schon kraft bloßen eigenen Denkens und Fühlens die äußere Realität formen zu können. *Magie* ist also psychologisch betrachtet eine infantile Omnipotenzphantasie des eigenen Inneren über die Außenwelt. Diese imaginäre Illusion wird produktiv in der Kunst, die aus der vorgefundenen Realität heraus alternative Scheinwelten entwirft, „ästhetischer Vorschein einer besseren Welt" (Ernst Bloch), und sei es die vorwarnende Projektion einer möglichen Dystopie. (Die "Fantasy-Kunst" zählt zur Popkultur und Popkultur eben nicht zu authentischer Hochkultur künstlerischer Phantasie.)

Theodor Adorno schrieb in den „Minima moralia" (1951) : „Kunst ist Magie, befreit von der Lüge, Wahrheit zu sein". Und Astrologie sei die "Metaphysik der dummen Kerle." (Obwohl die Riesenenergieumsätze im All gewaltig auf uns einwirken.) Magie war immer eine als gefährlich empfundene "Geisterbeschwörung", nicht nur wunderbares Gefühl von etwas Wunderbarem. Doch unser Problem ist, dass wir auf das Wort nicht verzichten wollen, aber an Geister, Dämonen und transzendente Mächte nicht mehr glauben. Schon die Hochreligionen haben die Magie bekämpft, nicht erst die rationale Aufklärung, aber was nicht abgedroschen und abgenutzt glanzlos ist, ist deshalb ja noch nicht magisch. Seit der naturwissenschaftlichen Naturentzauberung und industriellen Naturbeherrschung gibt es eine romantische Gegenbewegung. Seit der Romantik um etwa 1800 versteht die ernüchterte Moderne Magie nur noch als ästhetische Wiederverzauberung der entgötterten Welt. Walter Benjamin z.B. sprach von geheimnisvoller "Aura" der Dinge : eine Ferne, die uns auf den Pelz rückt, und zugleich eine aufdringliche Nähe, die sich uns ständig entzieht.

In der Postmoderne nimmt sich jeder aus allen Kulturen, was er mag, und backt sich daraus eine beliebige Patchwork-Magie. Ein bisschen schamanische Naturästhetik, eine Portion Mutter-Erde-Ökomystik, eine Prise Gefühlsreligion, und fertig ist der geistige Privatkuchen. Das geht alles, niemand hindert einen und nimmt ernstlich Anstoß daran, alles ad libitum.

Ob jeder heutige Zeitgenosse in der harten indianischen Naturmagie auch nur einen Monat überleben könnte, darf man aber wohl bezweifeln. Naturvölker kämpfen in einer übermächtig grausamen Natur, und ihre Naturmythen lassen sich in westliche Konsumkulturen kaum übertragen. Wenn alles Magie ist, ist gar nichts mehr magisch, sondern wird ideologisch. Bevor also der Begriff völlig alles- und nichtssagend wird, sei erinnert an die Grundbedeutung : Magie will göttliche und dämonische Kräfte manipulieren, an die wir doch nicht einmal mehr im Ernst glauben. Wollen wir jede etwas exaltiertere Gefühlsergriffenheit wirklich schon "magisch" nennen? Mit unserer hedonistisch weichgespülten Wellnessmagie in den Industriestaaten sind wir doch keine natürlichen "Stadtindianer"! Die religiöse Dimension ist bei uns ja gekappt, und was ist denn die Mystik ohne Gott? Robert Musils "anderer Zustand" und die "Epiphanien" bei James Joyce sind der heutige Stand der säkularisierten Kunstmagie, immanente Lichter.

Man würde das mythisch-magische Denken ja gern als mögliches Reservoir fruchtbarer neuer Hypothesen anerkennen, wenn der heutige inflationäre Missbrauch seit dem "New Age" nicht doch alarmierend wäre. Wer kann Schamanen und Scharlatane noch verlässlich unterscheiden, mit welchen Kriterien?

Wenn schon Industrie-Reklame als "magisch" gilt, wird Magie zur Schleichwerbung für Dummheit und das Unbewusste marktstrategisch eingeplant, hinterrücks am Bewusstsein vorbei. In "magischer Geisterbeschwörung" sind wenigstens derzeit eher mehr geistlose Risiken als geistreiche Chancen für geistige Neulandgewinnung auszumachen. Die Geister, die der moderne Zauberlehrling ruft, wird er auch nicht wieder los. Deshalb ist eine psychoanalytische Dekonstruktion dieses Destruktiven weiter sinnvoll.

Freud-Bashing ist gerade wieder einmal in Mode, auch feministisch befeuert, es läuft stets in Wellen. Man sieht wieder mehr Freuds Grenzen als seine Landgewinne, aber muss ihn durchaus nicht überschätzen, um ihn gegen die meisten seiner Kritiker auch heute noch zu verteidigen. Bis heute ist die überwiegende Kritik an Freud nur psychischer Abwehrwiderstand gegen seine Turpia, die vielen immer noch nicht in den Kram passen. Aus schmalster empirischer Datenbasis las er mehr Wichtiges ab als seine Kritiker nun aus ihren randomisierten Riesen-Doppelblind-Evidenzstudien.

Dass unser Bewusstsein nur die Spitze eines Eisbergs sei, dieses Bild stammt ja von Freud selber, wohin es aber führen kann, wenn im riesigen "Unbewussten" zu viel Schatzkammer und zu wenig Müllhalde gesehen wird, lässt sich am abschreckenden Beispiel seines Kronprinzen und späteren "magischen" Widersachers *C. G. Jung* modellhaft gut ablesen.

Das „kollektive Unbewusste" Jungs liefert seltener eine neue Kunstrichtung als ein bloßes „Gequatsche der Schwiegermutter" (Adorno). Je mehr in uns verdrängt bleibt, desto infantiler bleiben wir, was kindliche Gemüter natürlich entrüstet bestreiten.

Manche sehen auch in der avancierten Naturwissenschaft der heutigen Kosmologien nur eine moderne Form bloßer Magie, wenn nicht Taschenspielerei. Aber das hieße Magie nur noch in einem metaphorischen Sinn versehen. Es ist doch spannend zu sehen, aber auch sehr teuer, wie weit man mit diesen neuen Mitteln kommt, dem lieben Gott in die Karten zu schauen. Es geht voran, wenn auch langsamer, als man mal dachte, und andere Strategien, die nicht völlig subjektiv sind, scheinen derzeit eigentümlich verbaut. Das "Buch der Natur" ist vielleicht wirklich (auch?) in mathematischen Lettern geschrieben, wie schon die Alten ahnten. Wenn nicht alles nur Projektionen sind … Alles sehr geheimnisvoll und sehr rätselhaft, dass sich manche Rätsel lösen lassen.

„Aphorismen sind Einfälle der Philosophen."
(Vauvenargues, Luc de Clapier)

„Was der Laie an der Philosophie wichtig findet, ist fast immer aphoristisch." *(Erwin Chargaff)*

Eine verschwindend geringe Anzahl von Menschen nimmt zur Kenntnis, was professionelle Philosophen der Jahrhunderte aus ihrem Denken veröffentlicht haben. Und so wenig die interessierten Laien davon auch aufgenommen haben, so wenig hat sie davon auch beeindruckt und beeinflusst. Gemeint ist hier nicht, was von vornherein als „Popularphilosophie" hergestellt wurde, sondern was vom Berufsdenken beim Bildungsbürger am Ende hängenbleibt, durch allerlei vermittelnde Instanzen hindurch. Das sind meistens Verkürzungen, Verzeichnungen, Missverständnisse, Entstellungen, Simplifizierungen, selbst Verballhornungen, die oft genug satirische Parodien streifen. So aber wird die Philosophie wirkmächtig durch die Zeiten, in Schlagworten und formelhaften Redewendungen. Vom kleinbürgerlichem Existenzialisten Sartres z.B. bleibt nicht viel mehr als „zur Freiheit verurteilt" und dass er, um der Rechten nie zu dienen, den Stalinismus weichzuspülen half.

Auf dieser beinahe feuilletonistischen Ebene ist dem Denken des Bildungsbürgers zu begegnen, nicht auf dem Niveau akademischer Fachphilosophie, die er nicht wahrnimmt und deren Abrakadabra ihn nicht prägt. Das durchschnittliche Gebrauchsdenken des „gesunden Menschenverstandes" besteht aus trivialisierten Versatzstücken aus vielen unbekannt bleibenden Originalphilosophien und ist eigentlich nur aphoristisch aufzufangen und zu kritisieren. Denn Philosophie in universitärer Institutionalisierung ist randständiger noch als das geistreiche Bonmot der *europäischen Moralisten*, die eine unsystematische Herausforderung methodischer Begriffsspekulation betrieben. Sie hatten ihre Epoche von Montaigne bis Joubert (oder bis zu Valéry), in literarischen Formen von Essay, Porträt, Fragment und Aphorismus. Die außerphilosophische Kritik am methodischen Denken etablierter Philosophenschulen hatte ihre Kernzeit von etwa 1600 bis 1800. Es wäre an der Zeit, diese wichtige Tradition wiederzubeleben, um die Philosophie auf ihrem Weg zum Nichtphilosophen nicht zu ermäßigten Preisen zu verschleudern, sondern als ihre immanente Kritik, durch literarische Wendung ihres eigenen „linguistic turn", statt sich vom innerphilosophischen *linguistic turn* allzu bald wieder wegzuwenden oder gar wegzustehlen. Hans Blumenberg hatte die begrifflich ganz unauflösbaren *absoluten Metaphern* der Philosophie herausgestellt, und Aphoristik lebt vom ewigen Konflikt zwischen Metapher und Metaphysik, Bild und Begriff, Konkretem und Abstraktem. Das hatte seine Geschichte.

Heraklits dialektische Rätselsprüche kritisierten den gesunden Menschenverstand nur immanent, und der römische Stoiker *Seneca* förderte das aphoristische Stilideal. *Francis Bacon* attackierte die methodische Vorurteilsstruktur der scholastischen Summen nicht durch mathematische, sondern durch aphoristische Formeln. Der Urmoralist *M. Montaigne* knüpfte an beim Platoniker Plutarch wie bei den hellenistischen Skeptikern, Stoikern und Epikureern, der Uraphoristiker *de Larochefoucauld* bei sophistischen Gegnern Platons, aber auch beim vorplatonischen Sokrates. Die Frühromantiker um *Fr. Schlegel* und *Novalis* suchten Poesie und Philosophie dialektisch fragmentiert zu vereinen. *Adornos* „Kritische Theorie" war auch eine streng philosophische Rechtfertigung des aphoristischen Denkens, wenn sie das Individuelle gegen die Allgemeinheit verteidigte durch begriffliche Begriffskritik. So bewahrte er Schlegels geistreiches Fragment vor Hegels totalem Geistessystem.

Aphoristiker hatten Ideen, ohne Idealisten zu sein, verteidigten die Lebenserfahrung, ohne Empiristen gegen Rationalisten auszuspielen, und machten Gedankenexperimente, ohne naturwissenschaftlichen Experimenten das Wort zu reden und entdeckten die Paradoxien in systemphilosophischen Konstrukten. Moralisten enthüllten verschwiegene antinomische Maximen in moralischen Grundsätzen der Ethiken, führten Scheinevidenzen ad absurdum. Sie übten rationale Vernunftkritik wie gedankenexperimentelle Empirismuskritik, sie entdeckten Unsittliches in geltenden Sitten oder die Moral der Unsitten, auch Normwidriges in normalen Norm(ierung)en etc.

Philosophie ist wesentlich dualistisch strukturiert, und Aphoristik treibt ein „Erkenntnisspiel" mit den Grunddualismen einer philosophischen Begriffskonstruktion. Für Schiller ist der Mensch nur dort ganz Mensch, wo er spielt. Huizinga hat das noch vertieft.

Parmenides verteidigte das eine *Sein* gegen vieles Werden, Demokrit das *Atom* gegens Ganze, Platon ideelle Urbilder gegen ihre realen Abbilder, Aristoteles *Form* gegen Stoff, Descartes die *res cogitans* gegen die res extensa, ein Spinoza stellte *Deus sive natura naturans* gegen natura naturata, Leibniz die *Monade* gegens Kontinuum, Kant das *Ding an sich* gegen raumzeitliche und kategoriale Erscheinungen und *Pflicht* gegen Neigung, Fichte das *Ich* gegens Nicht-Ich, Hegel den *absoluten Geist* gegen verabsolutiertes Geistreiches oder Geistloses, Marx das

Materielle gegen den Überbau, Kierkegaard die *Existenz* gegen Vernunft, Schopenhauer das *Wissen* gegen den Willen, Nietzsche den *Machtwillen* gegen das Kopfwissen, Bergson den *élan vital* gegen toten Raum, Husserl die *Wesensschau* gegen abstrakte Begriffe, Adorno die *nichtidentischen* Einzelheiten gegen ihre Einheit, Heidegger das *Seyn* gegen alles Seiende, Jaspers das *Selbstsein* gegen Objektivität, Sartre ein *Fürsichsein* gegens Ansichsein, Habermas das *kommunikative Handeln* gegens soziale System, Blumenberg die menschliche *Selbsterhaltung* gegen eine absolutistische Rabenmutter Natur, etc. etc.

Die Aphorismen thematisieren den unschlichtbaren Konflikt zwischen den jeweiligen Basisdualismen einer Philosophie, das ist laut Gerhard Neumanns „Ideenparadiesen" (1976) seit Kants „kopernikanischer Wende" und spätestens seit der romantischen Ironie ihr Wesensgrund. Zur Einheit des Entgegengesetzten kommt es nur in witzigen Teilsynthesen, nie in einem geistigen und sozialen Gesamtsystem.

Adorno zitiert einen Aphorismus vom Paul Valéry: „Was nicht festgehalten wird, ist nichts. Was festgehalten wird, ist tot." (*Paul Valéry* : „Windstriche"). *„Darf etwas den Namen von Philosophie überhaupt noch beanspruchen, dann solche Antithesen*. Indem sie unversöhnt stehenbleiben, drückt der Gedanke die

eigene Grenze aus : die Nichtidentität des Gegen-
standes mit seinem Begriff, der ebenso jene Identität
fordern, wie ihre Unmöglichkeit begreifen muss."
(*Th. Adorno* : „Valérys Abweichungen" (1960), In:
„Noten zur Literatur", Frankfurt/M. 1981, Seite 177)

Die meisten Philosophen halten nicht viel vom Aphorismus, der ihnen zu subjektiv rhetorisch, sophistisch,
vieldeutig und unverbindlich ist. Sie entfalten lieber
umständlich argumentativ, was im Aphorismus ein
„impliziter Schluss" (Klaus von Welser) bleibt. Der
Aphoristiker spart sich die Begründungen des Philosophen, weil laut Hegel ein Beweis der Sache nichts
hinzufügt, sondern nur dem besseren Begreifen dient.
Der Denker misstraut der Dialektik, die eher mit der
Rhetorik überrede als mit dem Argument überzeuge.
Der Sprüchemacher sieht sich einem schwerfälligen
Pedanten, der Philosoph einem windigen Sophisten
gegenüber. Sicher lassen sich „Dichter und Denker"
auch nicht einfach als allgemeine Textproduzenten
vereinen, wie Dekonstruktivisten über den *linguistic
turn* denken. Der wahre Aphorismus hat die philosophische Begriffsanalyse nicht noch vor sich, sondern
schon hinter sich. Als ein postphilosophisches Philo-
sophem schließt er einen Gedankenstreit ab und neue
Gedanken auf, ohne sie auszuführen. Auch er will
Dingen auf den Grund gehen, aber nicht pedantisch

gründlich, sondern außerhalb methodischer Zurichtung des Materials, unabhängig vom systematisierten Vorurteil über die Sache selbst.

Der Aphoristiker macht immer neue Anläufe in verschiedenste Richtungen, von verschiedensten Ausgangspunkten aus. Die Natur macht keine Sprünge, aber die Kultur sehr wohl, abrupte Wendungen, Umwege by trial and error. Der Wissenschaftstheoretiker Paul Feyerabend empfahl ein Denken „wider den Methodenzwang", und der Aphoristiker stellt immer neue Hypothesen auf, fällt wahllos unverbindliche „hypothetische Urteile" (Kant), um nicht alles Beliebige derselben bewährten Methode zu unterwerfen, sondern dieselbe Sache den beliebigsten Verfahren. Das aphoristische *Erkenntnisspiel* der Begriffe ist und hat weder eine formal geeichte Methode noch eine empiristische Stoffhuberei, sondern sie schillert zwischen Binsenwahrheit, versucherischen Irrtümern und berückenden Verrücktheiten. Der Leser entscheidet, was der Aphorismus taugt, nicht die Untersuchungsmethode. Aphoristik will sie nicht mit neuen Gewissheiten beliefern, sondern philosophische Experten des Staunens ins Staunen versetzen und den „gesunden Menschenverstand" in Verwirrung stürzen. Sie geht zurück auf den Sophisten Sokrates, bevor er in die Hände Platons gefallen war, der von Aristoteles systematisiert wurde, ohne auf Sokrates zurückzugehen. Aber hat Hegel den bösen Schlegel jemals widerlegt?

Philosophen denken oft konventioneller, als es den Anschein hat und als sie selber glauben. Sie geben dem gesunden Menschenverstand zu schnell nach, um mit eingängigen Argumenten oder Gegenargumenten Anerkennung zu finden, und fürchten das Abseits inzwischen mehr als das Jenseits. Sie suchen eher zeitgemäße Plausibilitäten als unbegangene Pfade. Für Heidegger war der Mensch noch ein wesentlich „ver-rücktes Wesen". „Wahr sind nur Gedanken, die sich selber nicht verstehen." (Theodor Adorno: „Minima moralia", Nr. 122) „Eine (Philosophie), die nicht abstürzen kann in den Abgrund ... des Wahnsinns ..., wird ... potentiell Tautologie." (Adorno: „Negative Dialektik", Frankfurt/M. 1975, Seite 45) An Benjamin faszinierte Adorno, der habe begrifflich gerettet, was sich an Wahrheit in der Schizophrenie anmelde. „Nur wenn man noch viel verrückter denkt als die Philosophen. kann man ihre Probleme lösen." (L. Wittgenstein) Aphoristiker denken nicht zu verrückt, sondern Philosophen oft nicht verrückt genug, um uns und die Dinge angemessen zurechtzurücken. Der geistreiche Sophist spielt mit den Begriffen, die der Philosoph analysiert, und er spielt verrückt genug, um einer Wahrheit zuweilen näher zu kommen als mancher Philosoph. Heidegger sah in Gedichten und Gedankengebäuden „nachbarliche Stämme". Warum hat er sein *Seynsgeschick* eher bei Hölderlin verfehlt als etwa bei Novalis gesucht? Auch Heraklits Rätselspruch war oder ist ein (Irren-)Häuschen des Seins. Ein Aphorismus gibt den anderen, nicht nur sein Gegenteil oder seine Variation, und der widersprüchlicher Spruch anderer führt zu ganz anderen Sprüchen. Er ist ein Denkanstoß auch für den Aphoristiker und umso besser, je weiter er von ihm wegspringt zu ganz neuen Gedanken. Dieses „Widerspruchsdenken" aus der Sprache heraus ist Philosophie in Literatur und Literatur in Philosophie. Meine Idee regt an zu deiner ganz anderen Idee, eine Kettenreaktion von Gedanken entbindet geistige Energien. Sie lösen einander aus. So entsteht sogar etwas so Widersprüchliches wie ein *aphoristisches System*, das die eine unverwechselbare Physiognomie des Autors zeigt. Man kann einen Aphoristiker zusammenfassend charakterisieren, wie P. Krupka es mit dem Begriffssystem von St. Lec tat. Nichts wird bei einem Aphorismus an den fremden Aphorismus anderer erinnern, der für ihn Anlass, Auslöser und springender Ausgangspunkt war. Syntaktische und semantische Abgründe zwischen den Sätzen desselben Aphoristikers setzen sich fort in den Abgründen zwischen den gegensätzlichen Sätzen verschiedenster Aphoristiker …

Philosophische Rhetorik

Heraklit, der Dunkle, machte geschliffene Widersinnsprüche. Die Sophisten verkauften rhetorische Kunstgriffe, die Streitgespräche zu gewinnen. Sie entwickelten und entlarvten Paradoxe, Aporien, Antinomien, Fangfragen, Fehlschlüsse, Scherzrätsel und "stärkten die schwächere Seite". Aufklärung relativierte absolut. Plato hielt fest, wie Sokrates die Kunst der dummen Fragen erfand, um Mitmenschen zum Geständnis zu bewegen, dass sie nicht wissen, was sie reden und tun. Die philosophischen Anekdoten des Diogenes Laertius bewahrten die dummen Sprüche der Epikureer und Stoiker, Skeptiker und Kyniker auf. Sophisten lassen jeden sich vor dem Anspruch blamieren, wunders etwas zu wissen und zu können. Aristoteles bewahrt resistent gesunden Menschenverstand, der Realist beobachtet die Natur. Die Logik der Urteilsformen ist heute ein Spezialfall der Mathematik geworden. Die römischen Stoiker Cicero und Seneca schrieben glänzende Partien wie Plutarch. Descartes formuliert so 'klar und deutlich', wie er denkt; das „Ego cogito" brillierte. Spinozas „Ethik" ist voller paralogischer Formeln, Thesen als Sentenzenfeuerwerk. David Humes „Prinzipien der

Moral" sind glänzende englische Kunstprosa im Gefolge von Francis Bacons taciteisch funkelnden 'Essays', den Vorläufern der 'Essais' von Montaigne. Das "Lob der Torheit" des Humanisten Erasmus ist Glanzsophistik. Nur seine Jugendschriften bis zu den drei „Kritiken" haben die von Kant schweren Herzens geopferte stilistische Rokokoeleganz Wielands ("Aristipp"). Fichtes rhetorisches Talent ist noch zu genießen in den "Reden an die deutsche Nation" und in der "Bestimmung des Menschen". Schellings Naturphilosophie ist Kunstphilosophie, nicht nur in den Aphorismen eine 'ästhetische Theorie'. Hegel hatte mehr Esprit, als ihm lieb war, erkannte Nietzsche : Er war der geistreichste der deutschen Philosophen − wider Willen. Der frühe Marx bis zur „Deutschen Ideologie" bevorzugte konzise Diktion und schlagende Rhetorik, doch die späteren ökonomischen Werke sind nicht mehr geistreich wie Hegel. Schopenhauer und Nietzsche sind die stilistischen Goethes der deutschen Philosophie, fern des universitären Gelehrtenjargons. Kierkegaard war ein guter philosophischer Schriftsteller und erst recht gar kein fachgelehrter Theologe. Martin Heideggers philosophische „*Etymologik*" ist in ihren besseren Partien von magischer Suggestion und ergibt neuen Sinn durch fast mechanische Wortverdrehungen und Wortspiele. Blochs alttestamentarischer Expressionismus hat eher deutschbarocke Gewitterwucht als aphoristische Eleganz. Der Stil von Jaspers wirkt nüchtern solide, beeindruckt durch unauffälligere Mittel wie Parataxe und Weglassen von Artikeln, sogar durch aphoristische Wucht. Aber auch das wird bisweilen Manier wie bei Bloch und ermüdet. Sartre schreibt filigran elegant, wo er wie Descartes denkt, aber er denkt plump, wenn er wie Heidegger schreibt. Das kunstvolle Ausspinnen der Mammut-sätze bringt dialektische Kabinettstücke zustande. Th. Adorno in seinen besten Partien bringt auf dem engsten Raum eines Schachtelsatzes eine kunstvoll verkürzte Montage eleganter Aphorismen, Dialektik als Konstellation nachromantischer Fragmente.

Aphoristische Existenz
oder existenzphilosophische Aphoristik ?

Wenn der Existenzphilosoph die mensch-liche Existenz noch vor jeder Essenz ansiedelt, will er damit sagen, dass ich meine nackte Existenz be-nutze, um mir mein Wesen selbst zu schaffen, statt es mir von Gott oder Welt vorzeichnen zu lassen. Was ich bin, sei ein autonomes Produkt der Tatsache, dass ich da bin. Nach Kant ist Existenz eine bloße „Position" und kein Teil der Essentials einer Sache. Wenn die Natur und die Gesellschaft mich in meinem Wesen bestimme, bin nach Sartre gleichwohl ich es, der sie selbst dazu bestimme, mich zu bestimmen, dieses oder jenes zu sein. In dieser philosophischen Konzeption ist die Existenz keine Realisierung einer vorgegebenen Essenz wie in den theologischen Entwürfen der mittelalterlichen Scholastiker, sondern das Wesen des Menschen sei Verwirklichung seines Seins, also Selbstverwirklichung seines Daseins. Der Mensch ist für Existenzphilosophen das einzige Wesen, das sich selbst definiere. Er sei da, um seinen nächsthöheren Gattungsbegriff von sich und der Welt selbst zu bestimmen samt der spezifischen Differenz zu seinen Artgenossen, definitio fit per genus proximum et differentiam specificam. Es ist bemerkenswert, dass weder Heidegger noch Jaspers und Sartre diese Definition von Definition benutzen, wenn sie davon sprechen, der Mensch entwerfe seine Wesensbestimmungen selbst in aller Freiheit. Mich je selbst zu bestimmen und zu entwerfen heißt ja, mich selbst abzugrenzen von allem, was ich nicht je selbst bin, und nichts anderes tut die Definition. Wir werden aber die Existenzphilosophie besser verstehen, wenn wir explizieren, was im Selbstentwurf des menschlichen Wesens eigentlich verborgen ist. Ich kann mich nicht selbst in meinem Sosein bestimmen, ohne die Allgemeinheit zu bestimmen, die mich mit anderen verbindet, und zugleich die Besonderheit zu bestimmen, die mich von ihnen trennt. Natürlich können andere mich dazu bestimmen, ihnen Bestimmungen beizulegen, aber in jedem Falle sei ich es, der sie dazu bestimmt, mich in meinem Wesen zu bestimmen. So bleibt der Mensch Herr seines Schicksals, das ihn versklavt, und der Regisseur all dessen, was ihm von außen wie ein Zufall oder ein Missgeschick zuzustoßen scheint. Ich stimme mit niemandem überein, lasse mich nicht überstimmen und über mich bestimmen, sondern bestimme selbst über mein Schicksal nach Sartre. Jeder definiert sein Wesen selbst kraft dessen, *dass* er existiert. De-finitio heißt auf Deutsch: Selbstbestimmung und auf Griechisch: Aphorismus. Im Aphorismus sage ich anderen auf den Kopf zu, was mich mit ihnen verbindet und was mich von ihnen trennt, von diesem und jenem. Beispiel : Der Mensch ist ein vernunftbegabtes Lebewesen, homo animal rationale. Er gehört zur Gattung der Lebewesen, und was ihn von anderen Lebewesen trennt, ist seine Vernunftbegabung, nicht seine Vernunft. (Die Begabtenförderung steckt bis heute in den Kinderschuhen.) Aphorismen sind Definitionen, aber nicht jede Definition ist aphoristisch : „Der Mensch ist ein erleuchtetes Arbeitstier oder ein Lebewesen, das sich seine Vernunftbegabung selbst nicht glaubt." Sein Wesen ist kein Objekt für ihn, das ihm gegenübersteht, sondern ein Pro-jekt, das ihm bevorsteht (in seiner Realisierung). Im Affekt transzendiere ich meinen Defekt, der in meiner Konfektion besteht. Mein Wesen sei gar nicht das, was ich immer schon gewesen bin, sondern was ich zu sein vorhabe. Der Existenzialist macht viel Wesens (und Aufhebens) von sich wie der Hegelianer. Aphorismen sind Definitionen als Antidefinitionen. Sie sagen etwas so treffend, dass sie den Nagel auf dem Kopf des anderen treffen. Was die Menschen zusammengefügt haben, will der Aphorismus scheiden, und was sie geschieden haben, will er zusammenfügen. Manchmal wandelt der Aphoristiker einen Einfall durch „Lullische Kunst" mechanisch so lange ab, bis das permutativ so Entstandene etwas ist, bei dem er sich etwas Originelles denken kann, von dem er sich gern überraschen lässt. Durch welche literarischen Kunstgriffe kommt produktionstechnisch die aphoristische Pointe zustande, und wie wirkt sie auf den Leser und Hörer? Können Paradoxien wieder die neuen „Paradigmen" (Thomas Kuhn) liefern zu den festgefahrenen Paradogmen des jeweiligen Wissenschaftsbetriebs wie im 18. Jahrhundert der französischen Salons und bei Lichtenberg. Sind die systema-

tisch antisystematischen Aphorismen die zenbud-
dhistischen „Koans" (Fälle) des Westens?

Adorno sah das einzig Wahre bekanntlich
darin, durch Allgemeinbegriffe und ihre individuelle
Konstellation das Individuelle vor den Übergriffen
der Allgemeinbegriffe zu bewahren. Sein abtrünni-
ger Schüler Habermas wollte die Individuen auch
vor der Gleichschaltung durch ihre Oberbegriffe
schützen, aber eher dadurch, dass die begriffliche
Allgemeingültigkeit erst aus „freier Verständigung"
der Individuen hervorgehe und ihnen nicht durch
überlegenen Verstand von oben verordnet werde.

Ich will aufhören, bloßer Gegenstand deiner
Begriffe zu sein, durch die du mich mit ungeliebten
anderen Menschen in einen Topf wirfst. Also mache
ich mir einen Begriff von dem Begriff, den du dir
von mir (und meinem Begriff) machst. Das Individuum macht durch eigene Begriffe seinen Allgemeinbegriff zu einer bloß unverbindlichen Abson-
derlichkeit und sich selbst durch die Originalität
seines gedanklichen Beitrags zum Gemeinplatz von
Übermorgen.

Das Individuum widersteht nämlich dem
Verstand seiner Klassenfeinde nicht dadurch, dass

es blinde Kontingenz und unausschöpfliches Sein außerhalb des Bewusstseins ist. Das Individuum ist bloßes Sein für das Bewusstsein seiner Gegner, und es muss zu Bewusstsein kommen, um das Bewusstsein seiner Feinde zu einem bloßen Sein herabzusetzen. Der eine Begriff von vielen Individuen muss das eine Individuum über seinen vielen Begriffen werden. Das Individuum hört auf, Objekt des Begriffs zu sein, wenn es diesen Begriff begreift. Es muss seine Individualität gerade darin haben, nicht nur einen Begriff sich zu machen von seinen eigenen Begriffen, sondern auch einen Begriff sich zu machen von dem Begriff, den andere sich von ihm und seinem Begriff machen. Bei Habermas setzen sich Leute weniger zusammen, um sich auseinanderzusetzen, sondern ihre ganze Auseinandersetzung ist eher ein Mittel, sich zusammensetzen zu dürfen. Individualität sollte weniger Begriffsstutzigkeit sein als in der Originalität eigener Begrifflichkeit liegen, mit der die übergriffigen Begriffe anderer begriffen und angegriffen werden.

Das Sein ist Bewusstsein, lautet ein alter metaphysischer Grundsatz. Wenn das nicht nur ein idealistischer Gemeinplatz sein soll, müssen wir hinzufügen, dass mein Sein eben nicht aufgehen soll in dem Bewusstsein, das andere von ihm gewinnen wollen, sondern in dem Bewusstsein, das ich von dem Bewusstsein anderer haben muss, um es zu einem bloßen Sein unter anderen machen zu können oder zu einer bloßen Modifikation dieses Seins. Wer seinen Oberbegriff zu einem blinden Faktum und Fatum entmächtigt, kann das nicht, ohne Begriff von seinem Begriff zu sein und nicht selbst ein blindes Faktum unter dem Begriff zu bleiben. Ehe Individuen sich darauf einigen, was sie begrifflich gemeinsam haben wollen, muss jedes Individuum ein Individuum erst einmal werden, und das wird es nicht, ohne anderen Individuen das Recht zu bestreiten, begrifflich für es mitzusprechen. Die Unverwechselbarkeit und Unaustauschbarkeit des Individuums liegt in seiner ganz besonderen Begrifflichkeit, in der Faktizität seiner Begrifflichkeit, nicht im factum brutum seiner empirischen Existenz. Das begriffene Individuum muss *individueller Begriff* werden, um mehr zu sein als immergleiches Objekt seiner Oberbegriffe. Seine Besonderheit muss darin bestehen, die Oberbegriffe seiner Herren als allgemeine Absonderlichkeiten begreifen zu können, also in der Allgemeingültigkeit von Morgen. Die aphoristische Existenz ist ein vorzügliches Beispiel solcher Möglichkeit zu sein, indem man denkt. „Nicht sein, sondern denken, denken, denken!" *(Stanislaw J. Lec)*

Der Aphorismus tut so, als gebe er der All-gemeinheit recht, aber durch die Art, wie er dem Kaiser gibt, was des Kaisers (nicht) ist, widerspricht er ihm und gibt Gott, was Gottes ist. Das Subjekt widerspricht dem objektiven Geist und erhebt den objektiven Anspruch, darin nur eine subjektive An-maßung zu sehen. Das Absonderliche des Begriffs liegt eben darin, nur das Immer-gleiche zu sein, und dieses Immer-gleiche besteht einzig darin, die Indi-viduen zu immer-gleichen Exemplaren dieses Be-griffs zu machen. Das Individuum hört auf, immer-gleiches Belegexemplar seines Oberbegriffs zu sein, wenn es seinen Begriff als immer-gleichen Angriff auf immer neue Individuen begreift und nicht ver-zeiht. Individualität ist nichts als begrifflicher An-griff auf die immer-gleiche Art des Begriffs, neue Individuen als immer-gleiche sonderzubehandeln.

Homo est animal rationale : Der Mensch ist das Wesen, das weiterdenken kann − und lieber nachdenkt, was andere vorgedacht haben. Wer denkt weiter als seine Vorgänger, Mitmenschen und Nach-folger, wer denkt weiter, als er selbst lebt? Denken heißt um- und weiterdenken, ein Gedanke ist Be-stimmung eines Bestimmbaren. Selbstbestimmung ist mehr als bloße Mitbestimmung. Dieser selbstbe-stimmte Mensch denkt selbst, und er denkt selbst weiter. Wer Ursprung von Gedanken ist, denkt originell. Selbstbestimmung heißt, sich selbst zu definieren und sich nicht nur definieren zu lassen. Der Mensch ist das Wesen, das sich selbst definiert? Definitionen, sind sie ihre eigenen Antidefinitionen? Wer sich definiert, bestimmt selbst, was ihn mit der Allgemeinheit verbindet und von konkurrierenden Artgenossen trennt, was er mit Seinesgleichen gemeinsam hat und was er mit ihnen nicht teilt. Der Artgenosse ist Mitstreiter und Rivale. Ehe alles in Agonie versinkt, ist der Agon auszurufen, ein Wettkampf der Ideen und ein Preisausschreiben der Einfälle. Wer die Binsenweisheiten von Gestern und Vorgestern verwirft, ist etwas ganz Besonderes, wenn er schon heute die Binsenweisheiten von Morgen und Übermorgen verkünden kann und künftige Gemeinplätze voraussieht. Wer die Allgemeinverbindlichkeit von Heute aufkündigt, ohne die möglichen Allgemeingültigkeiten von Morgen vorwegzunehmen, ist noch nichts Besonderes, sondern nur ein Absonderung. Ich komme zu mir, wenn ich zur Sache komme u. u. Ich komme zu mir und zur Sache, indem ich das Wesen der Dinge neu bestimme, zu denen ich selbst gehöre. Wesensbestimmung der Welt ist Selbstbestimmung u. u. Wer das Wesen der Welt selbst bestimmt, ohne sich selbst darin zu bestimmen, hat sich nur verdinglicht, indem er die

Dinge definiert, aber wer sich selbst in Bezug auf die Dinge definiert, ohne diese Dinge zu bestimmen, denkt subjektiv. Ein Mensch ist ja ein Wesen, das nicht nur Objekt von Begriffen ist, sondern auch sich selbst macht, indem es sich einen Begriff von Objekten macht – und von sich selbst, d.h. von dem Begriff, den andere sich von ihm machen, wie von dem Begriff, den er sich von anderen macht, indem er sich selbst zu einem Menschen macht. Selbstbestimmung ist Selbstgesetzgebung. Ein Mensch bestimmt sich selbst, indem er sein allgemeines Gesetz sich selbst gibt, indem er keinem antut, was allen verhasst sein muss. Er kann alles tun, was er auch noch selbstwiderspruchsfrei tun könnte, sobald es alle täten.

Jedes Individuum ist vollbegreiflich als eine ganz besondere Konstellation von Allgemeinbegriffen, wie jeder Allgemeinbegriff eine Konstellation von besonderen Objekten und Objektmerkmalen ist. Selbstbestimmung ist Selbstdefinition durch Angabe der nächsthöheren Gattung und der spezifischen Differenz zu anderen Artbegriffen. Was verbindet mich mit Meinesgleichen, und was teile ich nicht mit ihnen? Mich definieren heißt auch, jene zu definieren, die mich definieren. Selbstbestimmung ist selbst keine bloße Stimmung, wie Heidegger will.

Sie findet ihre eigene Stimme wieder, ohne sich bei Abstimmungen überstimmen zu lassen. Wer übereinstimmt, ist schon überstimmt, wenn er die verlorene Stimme erhebt. Denken ist Nachdenken durch Weiterdenken und Weiterdenken durch Umdenken. Die Ausnahme von der alten Regel bestätige die bessere Regel von Morgen. Es geht mit Depressionen gegen Repressionen, aber das Regressive ist nicht das Progressive. Der philosophische Zweifel muss gewiss durch psychische Verzweiflung führen. Wer nicht depressiv an sich verzweifelt, an seinem Unvermögen, die alte Welt zu übertreffen, ist seiner eigensten Unterlegenheit nicht überlegen durch eigene Überlegungen. Menschen bestimmen mich dazu, mich selbst zu bestimmen, und ich bestimme mich dazu, andere zu bestimmen. Ich bestimme mich dazu, Dinge zu bestimmen, die mich dazu bestimmen, mich selbst zu bestimmen, statt nur mitzubestimmen. Der Mensch sei das Wesen, das sein eigenes Wesen erfinde, sagen die französischen Existenzialisten, und sein eigenes Wesen entdecke, sagen die deutschen Existenzphilosophen. Wesensbestimmungen sind Definitionen, und die lateinische Definition ist griechisch ein Aphorismus, de-finire ein *apo-horizein*. Sind Aphoristiker also die wahren Existenzphilosophen, ohne dass die Existenzialisten nun die wahren Aphoristiker sein müssten?

Ästhetik

„Ästhetik" hängt zusammen mit griechisch „aisthesis", mit sinnlicher Wahrnehmung von Verborgenem, mit Anschauung einer verhüllten Gestalt. Hegel bestimmte Ästhetik als Lehre vom Schönen und das Schöne als 'sinnliches Scheinen der Idee'. Griechisch *idea* heißt: Gesicht, Aussehen. Wie einer wirklich aussieht, erscheint den fünf Sinnen und der Sinnlichkeit, wird Gegenstand einer 'Schau'. Freud 'schenkte' Marie Bonaparte (Verfasserin einer Psychoanalyse Edgar Allan Poes) die Beobachtung, der Ursprung des Schönen sei für den Menschen die mütterliche Brust, Ur-Objekt für Männlein wie für Weiblein. Die Urschönheit also ein sinnlicher Vorschein der Mutter in ihrer Brust, die sie dem Menschenkind gab? Das Ganze, die Mutter, durch einen Teil von ihr, die Brust, hindurch gesehen und genossen? Ist das Naturschöne eigentlich die Schönheit der Mutter Natur, das sinnliche Scheinen der Mutter in jedem mater-iellen Gegenstand auch der unbelebten, projektiv beseelten Natur? Beruht das von Kant hervorgehobene „interesselose Wohlgefallen" am Schönen auf dem Inzesttabu, das auf Mutter Natur liegt? Im Schönen erscheint das Unendliche in endlicher Gestalt, heißt es bei Ästhetik-Theoretikern, das Ganze in einem seiner bevorzugten Teile, also pars pro toto oder auch totum-pro-parte. Das unendlich *Ganze,* die *ganze* Welt also, war ursprünglich für jeden Menschen seine Einheit mit seiner Mutter, die Vereinigung von Vater und Mutter, aus der er stammt. Jedes Menschenkind, sobald es erwachsen wird, macht diese Mutter-Kind-Ureinheit zu einem besonderen Gegenstand der 'Erkenntnis' unter anderen Objekten der Welt. Und in einer einzelnen fremden Frau, durch sie hindurch, liebt jedermann diese seine Mutter, die für ihn einst die ganze Welt war. In der Frau die Mutter 'erkennen' (und in der Mutter die Frau) : sinnlicher Schein der Idee des Ganzen in diesen besonderen weiblichen „Formen"? Die Geliebte, die Schöne, wird dann als einzelner Mensch dein Ein und Alles. *Das* Schöne ist ursprünglich *die* Schöne. Liebe will im Schönen zeugen, sagt Platos Diotima zur Hebamme Sokrates, und das Schöne an der Schönen ist das, was anamnestisch an die Mutter erinnert, an den vorgeburtlichen Zustand im Mutterleib der Natur. Alle Kunst ist primär 'Liebeskunst', ars amandi. Das Kunstwerk lebt nicht von der Enthüllung, sondern eher von der Verschleierung unbewusster Bilder und Regungen, von enthüllender Verhüllung und verschleiernder Art von Entdeckung und Aufdeckung. Sein Spiel mit Betrachtern und Figuren ist Liebesspiel und zweideutig. Die geliebte

Frau lockt den Mann von seiner Mutter weg, und was ihn lockt, ist ja doch nur, was ihn in ihr an die Mutter erinnert. Diese „Aura" meint das Fremde im Eigenen und das Vertraute im Anderen. Benjamin sah es im Kunstschönen heute verschwinden, wo Liebeskunst zu Liebestechnik wird und die menschliche Reproduktion selbst nur technisch reproduziert wird : Technische Vervielfältigung aller Akte, in denen Menschen sich vervielfältigen und fortpflanzen. — Aber der Ort der Einheit von Wahrem, Gutem, Schönem und Heiligen ist nicht preiszugeben.

Die logische Form einer Aussage z.B. sagt aus, wie ein Einzelner zu einer Gesellschaft gehört, zu einer Familie von Wesen gleichen Ursprungs. Das Urteil verurteilt das Individuum zur Gemeinschaft und Verwandtschaft, ursprünglich aus der Herkunft aus gleicher Mutter Natur oder gleichem Vater im Himmel heraus. Ontologie, Erkenntnistheorie, Logik, Theologie, Anthropologie, Naturphilosophie, Kosmologie, Ethik, Ästhetik sind von hier aus in gleicher Terminologie zu fassen und zu sondern. Hier ist noch fast gar nichts geleistet, kaum anprogrammiert. Kurz : Es ist ein weites Feld auch für Aphoristiker und außereuropäische Moralisten, also für Satiren, aber auch für Idyllen, die nur Jean Paul großartig verbunden hat. Lektüre-Empfehlung:

Albert Menne : „Einführung in die formale Logik",
Darmstadt 1985

Rudolf Carnap : „Symbolische Logik", Wien 1960²

Willard van Orman Quine : „Grundzüge der Logik",
Frankfurt/Main 1974 (New York 1964)

Helmut J. Schneider : „Die Idyllen der Deutschen",
Frankfurt/Main 1978

Renate Böschenstein-Schäfer : „Idylle",
Stuttgart 1977²

Gunter E. Grimm (Hg.) : „Deutsche Naturlyrik",
Stuttgart 1995

Harald Fricke : „Aphorismus", Stuttgart 1984

Fritz Schalk (Hg.) : „Die französischen Moralisten",
2 Bände, München 1974

Robert Zimmer : „Die europäischen Moralisten",
Hamburg 1999

Friedemann Spicker : „Deutsche Aphorismen",
Stuttgart 2010
„Aphorismen der Weltliteratur" , Stuttgart 1999
„Kurze Geschichte des deutschen Aphorismus",
Tübingen 2007

Vorschlag für eine philosophische Altersbibliothek

Chuang-tsi: „Das wahre Buch vom südlichen Blütenland"

L. Annaeus Seneca : „Briefe an Lucilius"

Michel de Montaigne : „Essais"

Imm. Kant : „Grundlegung zur Metaphysik der Sitten"

S. Maimon : „Versuch einer neuen Logik … " (1794)

G. Fr. Hegel : „Phänomenologie des Geistes" / „Ästhetik"

Arthur Schopenhauer : „Aphorismen zur Lebensweisheit"

Friedrich Nietzsche : „Menschliches, Allzumenschliches"

Nicolai Hartmann : „Das Problem des geistigen Seins"

Hedwig Conrad-Martius : „Der Selbstaufbau der Natur"

Th. Adorno : „Minima moralia" / „Negative Dialektik"

Jean-Paul Sartre : „Der Idiot der Familie"

Hermann Schmitz : „Der unerschöpfliche Gegenstand" /
            „Der Weg der europäischen Philosophie"

I.M. Bochenski / A. Menne: „Grundriss der Logistik"

Hans Blumenberg : „Wirklichkeiten, in denen wir leben",
            „Die Vollzähligkeit der Sterne"

Mischkultur : Öl in Wasser in Wein

Das Beste hat aber auch sein Gutes.

Mancher Kopf hindert mehr am Denken
als am Köpfen.

Demut ist oft zu stolz, um stolz zu sein.

Ist der Mensch das Maß aller Dinge,
kennt er bald keins mehr.

Du liebst deine Neider und hasst,
wen du beneidest.

Verfolgungswahn macht Pioniere.

Mach es besser oder mich schlecht!

Ein gerechter Gott ist gefürchteter
als die blinde Fortuna.

Träume deuten – auf Erwachen.

Das Wort für Ruhe stört sie schon.

Verkleidet als Laster wird jede Tugend attraktiv

Allein Gebildete sind bildungshungrig.

Hilfsbedürftige helfen mehr.

Wer resigniert, der toleriert.

Wer zahlt, der zählt; wer zählt, der zahlt nicht.

Alles blüht dem, der nicht mehr in Blüte steht.

Was du überall suchst, wirst du überall finden.

Architektur, die Ruinen ruiniert, wirkt modern.

Sie reden viel: Greise, weil sie nichts mehr, und Kinder, weil sie noch nichts zu sagen haben.

Sadisten sagen immer die Wahrheit.

Der Reiche sät, was der Arme geerntet hat.

Oft verzeiht man, um straflos auszugehen.

Jeder will geliebt sein, denn Liebe macht blind.

Auf Knien kommt man höher als auf Stelzen.

Im Wahn lebt, wer wie alle denkt
oder wie keiner.

Zum Faulpelz tut man zu viel,
zum Glückspilz zu wenig.

Moderne : technische Produktion
von künstlichen Müttern.

Auch Kalbsbraten verhüten
größere Rindviecher.

Utopiefreie Himmel sind selbst utopisch.

Stete Arbeit und Bewegung scheut das Urteil.

Das Sattsein bestimmt nun das Bewusstlossein.

Jeder lebt von Toten und stirbt an Lebenden.

Publikationen ersparen
den Auftritt vor Publikum.

Es gibt noch Neues über der Sonne
– und über sie.

Man darf nun die Wahrheit sagen. Doch nur sie.

Bestseller : Gemeinplatz an der Sonne.

Ich bin ein Avantgardist : Mir folgt niemand.

Nette Tyrannen sind anziehender
als grobe Freunde.

Nur über deine Leiche
kommst du in den Himmel.

Die Phantasie träumt nicht im Schlaf.

Ein Herr macht sich dir geneigt,
ein Knecht gebückt.

Sturmvögel lachen über Gipfelstürmer.

Fernseher stehen zwischen mir
und der Fernsicht.

Wer vorlieb nehmen muss, hasst.

Für kleine Herren gibt es keine großen Diener.

Was einen Wert hat, wird preisgegeben.

Herren tut´s leid, Knechten tut´s weh.

Deine Lebensqualität lebt
von fremder Lebensqual.

Rufe, und du wirst kommen!

Mehr Kluge als Dumme
kämpfen gegen Klugheit.

Wer das Töten liebt, der hasst die Toten.

Auch Verbrecher wollen keinen Polizeistaat.

Der Dummkopf weiß alles,
der Kluge eher nichts.

Am schwersten ist denken, wenn man es kann.

Der beste Kabarettist ist die Selbsterkenntnis.

Bist du lesbar, verstehen dich Bücher.

Ein Kind redet offen, ein Großer öffentlich.

Jeder will geliebt sein, denn Liebe macht blind.

Der Stumpfsinn findet mich stets zu spitzfindig.

Wer das Leben genießt, wirft es weg.

Sogar dein Glück kann eine List der Macht sein.

Klügere Leute wirken immer behinderter.

Die Macht macht, dass wir wollen,
was wir sollen.

Die Ruderbank sitzt nie am Ruder.

Wer fällt, gefällt.

Ein neuer Engel vermehrt die Welt
um zehn Teufel.

Erleuchtet wirst du nur von dem Blitz,
der dich treffen soll.

Zerfall : die natürlichste Form der Analyse.

Jeder ist auch die Schlange im Paradies.

Unangepasste passen sich auch denen nicht an.

Hirnforscher sagen Willensfreiheit
und meinen die Bibel.

Selbstlos liebst du allein den,
der nur sich selbst liebt.

Forscher bringen Verborgenes gern an ihr Licht.

Unvergleichliches muss häufiger
verglichen werden.

Einige Grenzen führen nach beiden Seiten
ins Exil.

Es gibt heute mehr Bilderstürmer
als Maschinenstürmer.

Ein Greis besiegt Todesangst durch Demenz.

Wachsen dir Flügel, bist du im freien Fall.

Recht ist oft, was keinem recht ist.

Alle Menschen sind gleich, außer den großen.

Cogito, ergo Cartesius sum.

Wo Freiheit herrscht,
da herrscht sie auch über uns.

Geld öffnet alle Türen –
zu menschenleeren Räumen.

In seiner Wohnung ist mancher
weniger als im Weltall.

Erkenne dich mit den Augen dessen,
was du erkannt hast.

Eine freie Wahl befreit uns wenigstens
von unzähligen Alternativen.

Man übt lieber Selbstkritik als Selbsterkenntnis.

Wer keinen Kosmos kapiert, kreiert Kulturen.

Wer ist schlecht genug, um Knecht zu sein?

Lässt sich über das Neue noch Neues sagen?

Fortschritt? Himmel oder Hölle:
weiter geht´s nicht.

Wer heute noch originell sein will,
folgt modischen Originalitätsmustern.

126

Aus Eintöpfen lässt sich nicht viel
buntes Gemüse gewinnen.

Ohne Sexualobjekte gibt es so wenig Liebe
wie ohne Sexualtabus.

Man kann gut auskommen entweder mit Geld
oder mit Menschen.

Du bist tief ergriffen.
Wurde ein Täter ergriffen?

Ließe Gott sich beweisen,
hätten Atheisten Recht.

Antworten suchen oft zu gelösten Fragen
die passenden Probleme.

Bringt Ausbeuten mehr Kraft,
als das Unterdrücken kostet?

In der Tradition steckt die Gewalt,
mit ihr zu brechen.

Christentum. Gott kann alles,
aber als Mensch alles besser?

Wer nie in sich geht,
geht selten seinen eignen Weg.

Wer getröstet hat, der ist getröstet.

Epigonen gehen jeder Avantgarde voraus.

Absolutistisch wird auch Macht,
die alles relativiert.

Originell sein heißt Vergessenes plagiieren.

Gute Gedanken bohren nicht an Spreng-Sätzen.

Dünger und Rosen
sind einander nicht anzuriechen.

Wer anders ist als andere,
muss noch nichts sein.

Die Gedanken sind frei,
und am freiesten in der Zwangsjacke.

Wer mit einem Löwen allein ist,
predigt ihm Moral.

Bei Berührung mit Träumen
zerplatzen wirkliche Seifenblasen.

Man kann originell kopieren,
aber nur epigonal erfinden.

Was aus einer Theorie nicht folgt, verfolgt sie.

Wer die Wahrheit weiß, will keine Demokratie.

Je klarer die Sprache, desto unklarer die Sache,
und umgekehrt.

Mach´s gut, Lieber, aber nicht besser als ich!

Fortschritt ist der Aufstieg vom Hungerödem
zur Magersucht.

Gefühle sind leichter zu lügen als zu leugnen.

Wer die Nase voll hat,
hat noch lange nicht den Hals voll.

Wer nicht laut genug schreit,
wird nochmals geschlagen.

Was du dir nicht erklären kannst, erklärt dich.

Der Kämpfer sinkt auf das Niveau des Siegers.

Vernunft gilt als intelligenteste Form der Angst.

Man stirbt sich aus seiner Unwissenheit heraus.

Man wünscht uns mehr Glück
als verdienten Erfolg.

Idyllen finden ihr Glück
im eigenen (Blick-)Winkel.

Erst spart man fürs Leben, dann am Leben.

Angsthasen wissen, dass sie gefürchtet sind.

Gute Erinnerungen hat allein
ein schlechtes Gedächtnis.

Nach Betriebsschluss herrscht Betriebsamkeit.

Aah, Phorismen und Antiphorismen

Das Land vereint, alle Ehen geschieden.

Descartes dachte so tief,
als existierte er tatsächlich.

Greise sind noch nicht weg, aber wegweise.

Die besten Essays bestehen fast ganz aus
Aphorismen, und ein Aphorismus ist nur
ein besonders kurzer Essay in *einem* Satz.

Gutes Gewissen wird mit Langeweile bezahlt.

Wir bankrotten uns zur Gemeinschaft zusammen

Er ist Deutscher — für einen Dichter denkt er,
für einen Denker dichtet er ganz passabel.

Verzogene und Ungezogene ziehen
Wohlerzogene an und auf und runter.

Was ist raffinierter als das einfache Leben der
Reichen, was naiver als die intrigante Sophisten-
ironie der Rohkostrealisten?

Unendlich ist nur das unteilbare Elektron,
das sich null Mal durch Null teilen lässt.

Erdrückende Eindrücke zu unterdrücken,
ist merkunwürdig.

Verrat an dir selbst nützt dir mehr, doch bleib dir
treu und entwickle dich nicht weiter!

Gemeinschaft wirkt durchschnittlich,
Individualität neoliberal, Kosmopolitismus
globalisiert, pluralistische Freiheit verteilungs-
ungerecht, Gleichheit überreguliert,
und maßvolle Mitte mittelmäßig.

Als Lehrer wäre ich so ungeeignet, wie viele
wirkliche Lehrer mir vorkommen, doch als
Aphoristiker so gut, wie viele sich dünken.

Der Krieg kämpft um den Frieden
mit Friedhöfen, der Friede arbeitet am Krieg
mit Produktionsschlachten.

Liebe deinen Nächsten wie dich selbst,
bis er dein Intimfeind ist.

Heimat, die nicht Brücke zum Ausland ist,
wirkt unheimlich wie heimliches Ausland.

Im Anfang war das Echo des letzten Worts.

Stalin war schlecht. Aber der Mensch ist gut.
Und sei es nur im Unrechttun.

Eine Null, die noch so oft sich übertrifft,
wird nie unendlich groß oder klein.

Wir sind keine Atheisten, wir nennen Gott heute
nur anders.

Paradiese, die wir uns selbst erschaffen,
haben keine Schlangen, die wieder hinausführen.

Manche Bücher machen klüger oder dümmer,
wenn man sie nur von außen ansieht.

Die einzigen Früchte von Rosen und Orchideen sind Lesefrüchte.

Von Realität handelt kein Roman. Das wäre zu langweilig oder unglaubwürdig.

Was hätte der zwölfjährige Kant von seiner „Kritik der reinen Vernunft" verstanden?

Der Geistesblitz schlägt ins Gedankengebäude und zertrümmert es zu vielen Aphorismen.

Freund Hein rezensiert das Buch des Lebens.

Sozialismus heißt christlich, dass gegen den Kapitalismus gerade dessen globaler Sieg spricht

Die Selbstverwirklichung der Gesellschaft
verhütet deine eigene und ermöglicht deine
Selbsterhaltung.

Unabhängigkeit heißt, dass alle Stricke reißen.

Narziss stiehlt dem Buddhisten die Nabelschau.

Selbst Erfahrung hofft auf Hoffnungen,
und Hoffnung lässt alle Erfahrung fahren.

Stand und Wohlstand kommen weiter als der
aufrechte Gang, den der Fortschritt nicht braucht.

In Gesellschaft bist du dir selbst der Fernste,
im stillen Kämmerlein dir jeder der Nächste.

Die Zeit kränkt die ewig Unverwundbaren.

Angegriffensein ist die schwächste Verteidigung.
Sein Stein fällt dem Weisen nicht vom Herzen
auf die Füße, er steigt ihm von Herzen zu Kopf.

Das Bauchgefühl ist kopflos,
um nicht geköpft werden zu können.

Es verbietet sich von selbst, etwas sich selbst zu
gebieten und anderen zu erlauben.

Der Lebenslauf ist der Holz- und Dienstweg
vom aufrechten Gang zur regelrechten Laufbahn.

Ich bin eifersüchtig auf deine Eigenliebe
und liebe deinen Neid auf mich.

Geschlagen wird immer. Schlägt dein Herz und
Gewissen nicht mehr, schlägt deine Stunde.

Widersprechen heißt noch nicht widerstehen,
widersetzen und widerlegen.

Planung ist auf dem Vormarsch von A nach B,
Alphabet und Weltgeschichte von A nach O.

Kein amerikanischer Traum:
Vom Gehirnwäscher zum Pensionär.

Dem Kleinmütigen gehört die geistige Welt,
und der Mutige raubt sie ihm nicht.

Sorgst du für mein Leben vor dem Tod,
sorgt Gott für dein Leben nach dem Tod.

Der Unmensch hat seine Willens- und Gewissenslücken geschlossen und ist offen für sich.

Man fällt lieber von einem Mittelmaß ins andere.

Entweder hast du Geld oder dich in der Hand.

Gottes Schweigen ist Gold, das zur Erde schreit.

Alle Schicksals-, Wind- und Hamsterräder stehen still, wenn kein starker Arm es will.

Das Licht der Vernunft kommt nicht von Windrädern.

Wer fliegt, ist häufig Opfer von Flügelstrafe.

Revolutionäre Wende um 90 ° : Ausweichler.
Revolutionäre Wende um 180 ° : Entweichler.

Wer durchs Astloch der Holzwand Nackte
erspäht, hat auch ein Brett vorm Kopf.

Halt dir das Hintertürchen zur *Hinterwelt* ver-
schlossen, wenn man dir die Vordertür eintritt.

Selbstkritik : Moderne Form der Selbstgefällig-
keit, da selbstgerechte Selbstjustiz verurteilt wird

Ulysses kommt im Ausland zum Leben
und zurück zur Heimat zum Sterben.

Wie schnell die Zeit vergeht,
wenn man selber lahmer wird!

Vogel Strauß will nur mit dem Kopf in den Sand
gesteckt durch die Wand zur Nachbarzelle.

Untertanen, macht uns die Erde untertan!

Versäumter Widerstand gegen den Unrechtsstaat
lässt sich am Rechtsstaat leicht nachholen.

Grüne Mundwerke gegen Kraftwerke haben
die Umwelt unter den Ölteppich gekehrt.

Der Zaungast ist Zaunkönig. Warenkunde :
Der Stammkunde ist König Drosselbart,
der des Kaisers neue Kleider kauft.

Schweigen ist Gold, doch eigene Hammelherde
ist Goldes und der Rede wert.

Liebessport und -mord hält jung und kindisch.
Man wird dabei nicht sehr alt.

Lächerlichkeit tötet. Leichen lachen lustig weiter

Freud: Abwehrpflichtige sind notwehrberechtigt.

Die Erde hat fünf Kontinente, einen für jeden
der fünf Sinne und fünf Finger des Menschen.

Als die zu gierigen Marsmenschen ausstarben,
hinterließen sie uns diesen toten roten Planeten.

Keiner raubt mich, aber ich stehle mich - davon.

Selbsterkenntnis heißt von sich befremdet sein.

Wer für dich gestorben ist, kann immer noch
Todesangst vor dir haben.

Träumt davon, aus Alpträumen aufzuwachen!

Das erblickte Licht der Welt hat eine Schatten-
seite: das Jenseits.

Streitgespräche enden mit dem Argument,
das nur die meisten für das beste halten.

Deine Lebensgeschichte lässt sich nicht
ungeschehen machen. Sie wird dir unterstellt.

Ein Darwin der Entwicklung der Unarten
hätte das Faustrecht Goethes.

Philosophen streiten sich, ob sie sich überhaupt
einigen können, dürfen, müssen oder wollen.

Händeschütteln ist eine wirksame Handlung,
Kopfschütteln kein wirkliches Denken.

Ich bin praktisch besser als mein Opfer
und moralisch besser als mein Schinder.

Ein ausgeführter Reinfall heißt Tat,
ein überführter Überfall heißt Untat,
ein unausgeführter Einfall Bonmot.

Für'n Helden wirst du nicht genug angegriffen,
für'n Feigling nicht genug verteidigt.

Ich denke mir nix dabei, *also bin ich* dabei.

Die Unendlichkeit ist die kürzeste Verbindung zwischen zwei Verstandpunkten, der springende Punkt die längste zwischen zwei Welten.

Hat ein Menschenfreund überhaupt Freunde?

Materielle Sicherheit ist fast so viel wert wie ein geistiges Armutszeugnis.

Ein Aphorismus definiert, was der Definition entgeht oder widerspricht.

Auch Bösewichte kommen in den Himmel, aber ewig nur einen Herzschlag lang.

Menschenunkenntnis ist noch keine Unmenschenkenntnis.

Wer mir Satiren hinter die Ohren *schreibt, der bleib*t ungelesen. *Wer* hundert Bewerbungen *schreibt, der bleibt* arbeitslos. *Wer* einmal Widersprüche *schreibt, der bleibt* Aphoristiker.

Infarkte reimen immer noch Herz auf Schmerz wie schlechte Gedichte.

Nach Gedichten konnte man gut hinrichten und nach Hiroshima wieder Gedichte lesen.

Jedes Weltbild scheint eine Karikatur, getreu bis zur Unkenntlichkeit.

Hürden sind Zielscheiben fürs Leben, Lebensziele sind Hürden fürs Ende.

Es gibt nur noch betriebseigene Völker.

Wer mich für ein Genie hält, hat Talent.
Wer den für ein Talent hält, hat keins.

Mannomamma. Musst du interessanter sein,
wenn ich dich langweile?

Logik ist die Moral des Wissens
und Moral die Logik des Willens.

„Was kost´ die Welt?" fragst du.
„Was kostest du?", antwortet sie.

Qualitätssiegel brauchen selbst welche.

Null ist unendlich klein,
Unendliches ein ungeteiltes Nichts.

Drück mir nicht die Daumenschraube!

Wirf den ersten Stein, der dir vom Herzen fällt!

Bildung ist mehr und anderes
als die Summe der Halbbildungen.

Das schöne Geschlecht ist die bessere Hälfte,
die vorm Spiegel zum ganzen Menschen wird.

Hat der Tod ein Sargbrett vorm Schädel?

Kein schönes Vorderteil bringt mehr Vorteil
als ein schönes Hinterteil Nachteil.

Der Horizont hinterm Horizont hieß Himmel.

Zuneigung kommt vor dem Fall,
doch Abneigung ist kein Anstieg.

Der Himmel ist der Dachboden der Tatsachen,
denn Tiefsinn hat nur unterirdische Ideale.

Die Schwermut, die Armut, die Anmut,
die Großmut, der Kleinmut, der Heldenmut.

Die Wahrheit fällt Vorurteile
wie den Baum der Erkenntnis.

Machthungrige verschlingen Bildungshungrige,
Liebeshungrige und Wissensdurstige wie nichts

Wer Sätze statt Aufsätze *schreibt, der bleibt*
ohne Venia legendi.

Tragen Väter heute weniger Kinder
als Konflikte mit ihnen aus?

Made in Germany now : Made im Speck.

Zielscheiben senden Kugeln nicht auf den Weg

Wer nicht pauschalieren will, differenziert gern
durch Ausnahmen, die nur die Regel bestätigen

Französische Kultur macht nicht die strenge
Ordnung lächerlich, sondern bringt
das Lächerliche in pedantische Ordnung.

Ist Wahrheit auch Übereinstimmung
von Sachschaden und Dachschaden?

Die Birke facht den Wind an.
Will er zeigen, wie fest sie steht
und wie leicht er geht?
In der Welt ruhen die Bücher,
in Büchern tobt die Welt.
Du hast ein Ruhestandbein
und ein Wortspielbein.
Viel beruht auf Ruhekissen.
Tut Buße durch Muße:
Im Ruh´n ist mehr Tun
als in Tatsachen.

„Aphorismen schreibt entweder jemand, der auf vereinzelte pikante Einfälle sich etwas zu gute tut; und das zeigt von Beschränktheit. Oder jemand, der seine Aussprüche für Orakel hält oder gehalten wissen will, und das zeigt von noch größerer Beschränktheit. Und doch – indem man dies weiß und ausspricht, schreibt man Aphorismen." (*Ernst von Feuchtersleben*, 1836)

Weiterführendes vom Autor

„Martin Heidegger –
Versuch einer Psychoanalyse seines *Seyns"*, 1993

„Die Irren sind auch nicht mehr die einzig Normalen"
(Erzählungen), 1997

„Auch der Eskimo klebt an seiner Eisscholle"
(Geschichten und Virtuosenstücke), 1998

„Am schnellsten vermehrt sich die Unfruchtbarkeit –
Essays zur Multi-Kulturlosigkeit"
(Rückblick auf das 21. Jahrhundert), 1998

„Dein Leben hat Sinn – für deine Ausbeuter",
Ein aphoristisches Gesellschaftssystem, 2016

„Objektivität durch Subjektivität oder umgekehrt? –
*Phänomenologischer Entwurf
einer dekonstruierten Erkenntnistheorie"*, 1999

„Nur in der Fremde fühle ich Fernweh"
(Idyllischer Roman), 2000

„Künste und Wissenschaften als verlorene Paradiese –
Essays zur Bedeutung der Kultur-Idyllen", 2000

„Der Mensch ist, was er verg-isst /
Kosmostheorie oder Gemeinschaftspraxis", 2007

„Philosophische Formelsammlung :
*Ambivalente Gedankenexperimente und nachsokratische
Fragmente",* Verlag Königshausen & Neumann, 2012

„Gedankenlesen : Hirnforschung ohne Computertomo-
graphen – *Philosophie zwischen Wissenschaft, Kunst und
Religion",* DWV Deutscher Wissenschafts-Verlag, 2013

„Die Liebhaber der Sophie –
Philosophiegeschichte in Philosophengeschichten", 2013

„Aphorismen zur Zeitaltersweisheit –
Kopfverdreher, Kopfzerbrecher", 2014

„Ist *Philosophical Correctness* eine Kommunikations-
wissenschaft? *Versuch über moderne Versuchungen",*
2015

„Die längste Leine trägt die Freiheit –
Faule Zaubersprüche", 2015

„Quanten, Quarks und Strings im Kopf –
Eintausend neue Aphorismen",   2015

„Die meisten Aufrechten sind unter Gefallenen /
Dumme Sprüche, alte Spiele", 2015

„An sein Innerstes erinnert sich keiner –
Nicht ganz dichte Gedichte", 2015

„Zur Tiefenpsychologie der Philosophiegeschichte : *Kurze
Geschichte der unbewussten Weltanschauungen*",   2015

„Mann und Frau befreien sich – voneinander /
Geschlechterkrieg oder Klassenkampf?", 2015

„Zur Dialektik und Phänomenologie
der Natur- und Kultur-Idyllen", 2015

„Wer gut abschneidet, kastriert –
Zurück zur frühromantischen Magie?", 2015

„Fertig machen dich deine Fertigkeiten –
Aphoristische Idyllen", 2017

„Esprit und Geisteswissenschaften – *Wechselwirkungen
zwischen Kunst, Philosophie und Psychologie*", 2016

„Fürchte den, der dich fürchtet – Hundert Jahre DADA", *Zwergrätsel zu Spottpreisungen,* 2016

„Mit einem Satz ins Freie – *Reflexionen, Urteile und Sentenzen",* 2. überarbeitete Auflage, 2016

„Kurz und klein – klein, aber fein", *Aphorismen,* 2016

„Gewinner heißen Spielverderber", *Aphorismen",* 2016

„Sei zu klein, um zu herrschen, und zu groß, um beherrscht zu werden – *Dogmatische Aphorismen",* 2016

„Schlafmützen nennen uns Träumer – *Lumpenproletarische Sprüche",* 2017

„Zwergrätsel, Satiren und Zwickmühlen – Auswahl von Aphorismen", 2017

„Philosophische Überlegungen in psychologischen Auslegungen – *Bauchgedanken und Kopfgefühle :* Wenn die Seele auf den Geist geht", 2017

„Verteidigung des Elfenbeinturms – *Große Sprüche, wieder nur Widerspruch",* 2017

Empfohlene Aphorismenbände

„Der Mensch ist, was er verg-isst / *Kosmostheorie gegen Gemeinschaftspraxis*", 2007

"Philosophische Formelsammlung –
Ambivalente Gedankenexperimente und nachsokratische Fragmente", 2012

„Aphorismen zur Zeitaltersweisheit –
Kopfverdreher, Kopfzerbrecher", 2014

„Mit einem Satz ins Freie –
Reflexionen, Urteile und Sentenzen", 2016

„Zwergrätsel, Satiren und Zwickmühlen –
Auswahl von Aphorismen", 2017